JN315735

悲しみと希望

ラビン首相の孫が語る
祖父、国、平和

ノア・ベンアルツィ・ペロソフ 著
石坂　廬 訳

In the Name of Sorrow and Hope

by Noa Ben Artzi-Pelossof

ミルトス

悲しみと希望　ラビン首相の孫が語る　祖父、国、平和／目次

プロローグ

一人の国王、三人の大統領、一人の首相代理、国連事務総長……等の姿が次から次へ現れると、壇上に向かってゆっくりと進んでいった。そして和平実現のために動いた政治家イツハク・ラビンについて、彼らはみな厳かに、かつ称賛を込めて語った。彼らが今しがた述べた言葉は、私の傍らにまだ浮かんでいるように思われた。祖父の暗殺によるショックから抜け出せない自分の心は、どこか別のところにあるようなもどかしさを感じた。私は手にした一枚の紙片にそっと目をやった。それから折りたたみ、そしてまた広げた。予め《あらかじ》書き留めておいた言葉を何とか見直そうとしたけれども、私は棺《ひつぎ》の中に横たわっている祖父の顔しか見ることができなかった。スピーチをうまくやらなくては、私は自分自身に何度もそう言い聞かせた。ノア、気丈なところをおじいちゃんに見せなくては。

するとと突然、大声で私の名前が呼ばれた。もはや、これは悪夢を見ているんだと自分に言い聞かせている場合ではなかった。私の悲しみは現実のものであった。そのときテレビを通じて全世界が注視していることなどまったく分からずに、私はそこに立った。足がすくみそうになった。だが、かろうじて踏みとどまることができた。私は壇上まで進むと、そこに独りで立った。私の左側わずか数メートル離れた所に祖父もまた独り静かに横たわっていた。

それから私は視線を上げた。すると私の前方には人々の顔でぎっしりと埋まった海のような光景が現れた。自分を奮い立たせてくれる力に何とかすがろうとして、私は家族の顔を目で追った。私は自分自身に話しかけていた。しかし、他の人々にも語りかけるのが私には分かっていた。

スピーチを始めてすぐ私は傍らに祖父の存在を感じた。彼はここにいる。でも、彼は私の話を聞いてくれるのだろうか？

「みなさん、和平については話したくないと思っているこの私をどうか、お許し下さい。私は祖父のことを話したいのです……」

初めのうちこそ、私は涙がこぼれそうになるのを何とか持ちこたえた。自分の声が古都エルサレムのヘルツェルの丘にこだまするのが聞こえた。そのとき私の頭の中は厚いもやがかかったようにぼんやりとしていた。それでも、スピーチの言葉だけは次々と口をついて出てきた。

「おじいちゃん、あなたは宿営の前を進む火の柱（注・モーセの出エジプト途上、宿営の前を雲の柱・火の柱が導いた）でした……」

だが、自分ではもう気持ちのコントロールができなくなってきたのが分かった。三回ばかりその場に崩れ落ちそうになった。後にテレビ番組でこの場面が映っているのを見た時に、私はこらえ切れずに涙があふれてきたその瞬間とその時の言葉を思い出した。

「……天使達がいまあなたの周りに付き添ってくれている姿を私は思い浮かべています。そして私はその天使達に向かって、どうかあなたのことをよくお世話して下さいねってお願いするわ。なぜって、それはあなたが天使達の御加護を受けるに値する方だからよ」

私は家族の方をちらっと見た。すると家族みんなの顔にも私自身の悲しみが映し出されていた。私は一回深呼吸をした。祖父が私のスピーチを聞くことができて、私を見ることができるか、もしくは少なくとも私が今ここにいることを彼が感じることができるように私は祈っていた。私は祖父の棺の方に目を向けた。棺にはイスラエル国旗が掛けられていた。ほんの一瞬ではあるが、それは世界の中心になった。祖父に向けた私の最後の言葉を彼には聞いてもらわなければならなかった。

「おじいちゃん、私達はこれからもずっとあなたを愛します。永遠に」

最後にもう一度顔を上げると、私の他にも多くの人々が泣いている姿が目に入った。だがその時点でも、私はいま自分の話したことが人々に与えたインパクトを理解していなかった。私はとにかくほっとした。無事に最後までスピーチを続けることができたし、祖父に語りかけることができたことを証明した。それから自分が気丈であったことを祖父に見せることもできたのだから。そして、もし私がその時にすすり泣いていたとしたら、それはおじいちゃんが私の話を聞いてくれていたと私自身が感じたからである。

おじいちゃん！　私はあなたに話をしたのよ。そしてあなたは私のことをきっと誇りに思って下さるわね。私はあなたに話をして、あなたは私の話を聞いてくれた。それはこの世で最後の私達だけの会話であった。そして私達は永遠の別離の時を迎えたのである。

弔問に訪れた人々の最前列にいる家族の中に再び私は加わった。私の母、継父《ちち》、兄はみな私の肩を抱きかかえてくれた。そして、やっと私は自分ひとりで前に足を踏み出すことができた。「うまくいったよ、無事に終わったんだよ」と彼らはささやいた。

1章　「私には何も起こらないから安心しなさい、ノア」

あのニュースを耳にしたとき、皆さんは何をしていましたか？

私の祖父イツハク・ラビンが殺害された土曜日はイスラエル人の記憶の中にいつまでも生き続けることと思う。私自身もあの忌まわしい一九九五年十一月四日という日を絶対に忘れたりはしない。

その前夜に私はディスコで友人たちと一緒に楽しい夕べの一時を過ごしていた。ダンスに興じ、笑いころげたりして楽しんでいるうちに、いつしか夜もふけて時間は午前〇時をとっくに過ぎていた。早朝の五時頃に自宅へ戻ると、私はいつものように仰向けにベッドへごろんと身体を投げ出し、頭が枕の中に沈んだと思ったら、そのまますぐに眠りについたのであった。このすぐに寝付けるという能力は祖父から受け継いだのだと思う。

私達は結婚披露パーティに出席することになっていたので、母ダリアは正午頃に私を起こしてくれた。それはまるで春を思わせるようなテルアビブの秋晴れの日々の一日であった。陽光はヘルツェリアにある両親の家の窓辺から差し込んできた。

「ノア、起きなさい。ノア」

いつものことであるが、寝起きのよくなかった私は母に三回も呼び覚まされて、やっとベッドから起き出したのであった。我が家のプードル犬ジョージはまったく彼らしく、誰も見ている者がいないと台所のサイドボードからくわえてきたケーキを丸ごと平らげていた。そして、これもまたいつものことであったが、私の兄ヨナタン、その女友達のラナ、そして私を含めた三人の出発準備がまだ出来ていなかったので、母と私の継父アヴィは先に出かけた。そのあとパーティの会場で私達は両親と落ち合うことにした。


ちょうど同じ頃、テルアビブ市内の別の場所では、若い男が密かに祖父の暗殺を企んでいた。


私達の目指している町コハブ・ヤイルはヘルツェリアから車で三十分位の所にあった。そこは一九六七年の六日戦争（第三次中東戦争）前のイスラエルの国境線であるグリーンラインからは五分ほどの所であった。イスラエルはとても小さな国なのである。

レセプションは庭先で行なわれていた。政治家や軍の高官からジェット族やショービジネスタイプの人々まで、いささか変わった人々が集まっていた。各々のグループは他の人々と実際に交流することはなかった。彼らは庭のそれぞれ異なる隅の方に固まりがちであった。このとき、お互いに他のグループのことはまったく気にとめていなかった。でもその日、誰にとっても共通の話題があるとするならば、それはその日の夕方にテルアビブ市の中心部にある「イスラエル王達の広場」で開催が予定されている平和集会であった。この集会は政治的な暴力に反対し、和平実現に向けた政府の路線を支援するために開催されるものであった。

このレセプションのゲストの中にはイスラエルのよく知られた人物で、俳優にして歌手で大物コメディアンのギディ・ゴヴがいた。ヨナタンは、自分にとって神話上の大英雄にも等しいゴヴに出会う可能性について熱心に話していた。ところがゲスト達はそれぞれが幾つかのグループに分かれていたために、お互いの接触を難しくしていた。

シャイなところなどまったくないヨナタンは、ゴヴが飲物を取りに行くときを見計らって、彼の方に振り向きざまちょっと厚かましい笑顔で話しかけた。

「あなたは決して政治家になることはありませんよね。ご自分のファンのことさえ憶えていない方ですから。あなたが私のそばを何度か通り過ぎたその都度、私はあなたの注意を引こうとしていたんですよ。それなのに、あなたときたら私に全然気付いてくれないんですから」

飲物を手にしたこのスターは一瞬びっくりした表情を見せると、はずかしそうに笑った。しかし、彼はすぐに落ち着きを取り戻すと、生真面目くさったふりをしてヨナタンに答えた。

「いや、あれはねえ、君達のような政治的な人達を無視するってのが我々アーティストとしての特権なんでね」

緊張した雰囲気がいっぺんにほぐれた。

私達は他のグループには加わらずに、しばらくはゴヴをからかっていた。そこにはヒーローに会うことができたことでとても幸せそうなヨナタンの姿があった。私達は午後の四時頃になって、その夜きっとお互いにあそこで会おうよといった典型的なイスラエルの皮肉を交わしてゴヴと別れた。

もちろん、平和集会には何万人という人々の参加が見込まれていた。そして、私達が再びそこで偶然に出くわす可能性などほんの微々たるものであった。

この集会にはとても大きな期待が寄せられていた。というのも、テルアビブでこんなに大勢の人々が集まるのは初めてのことだったからである。和平路線に反対する極右勢力によってよく組織された数十もの抗議行動が起こった後に開催されたこの集会は、政府の和平政策を支援する一般市民による最初のデモ行動であった。それゆえに、このデモ行動には大へん重要な意味が込められていた。和平を支持する証《あかし》とするために、静かな大衆はこの集会にやって来ることによって遂に和平へ関わる用意があるということをきっとこの集会は示すことになるだろう。

私は祖父がそこに現れることを望んでいたけれども、彼が実際にこの平和集会に来るかどうか確かなことは分からなかった。政治的なイメージへの悪影響を懸念してか、祖父は参加を躊《ちゅう》躇《ちょ》しているように思われた。この政府の和平路線に反対して野党が抗議デモを行なうのは特に問題とならないのは明らかである。しかし、政府にとって好都合となる政府支持の集会は、政府の宣伝をしているものとして解釈される危険があった。事実、この平和集会はチックというニックネームでよく知られていた前テルアビブ市長シュロモ・ラハトと、もう一人は平和活動家で、かつてフランス・レジスタンスのメンバーであったジーン・フリードマンの二人によって組織されたものである。この平和集会のスローガンは「和平賛成・暴力反対」であり、簡潔にして明確なものであった。昼食を終えた後、母は祖父に電話をかけた。その結果、やはり祖父はこの会場までやって来ることが分かって私は嬉しかった。あのようなアンフェアで汚い非難に直面し、人身攻撃やどう猛な攻撃まで受けた後に祖父がその代償を得たとしても、それはごく当然のことではないかと私は思った。祖父を支持し、愛し、そして、とりわけ彼の人間性とその政策を信じる大多数のまともなイスラエル人達の姿を祖父はとうとう目にすることになるだろう。祖父があらゆる称賛を受けるに値する人物であるということは、他の誰よりもこの私がよく知っていた。

「イツハク・ラビンの孫娘」であることが私には何か習性のようなものになっていた。それもほとんど生き方とでも言うべきものであった。私が生まれたとき、兄の保育園の先生は私の誕生をラジオ放送で知ったが、それはとりもなおさずヨナタンが自分に妹ができたことをどのようにして知ったかを示すものであった。ラビンに孫娘ができたことがニュース価値があるとマスコミは考えたのであろう。しかし、一般に知られた素晴らしい祖父のプロフィールの向こう側には、まず兵士として、それから政治家としての姿がある。私にとって祖父は何よりもまず一番に私のおじいちゃんなのであった。あの夜、おじいちゃんのスピーチを聴いたとき、私が感じるとてつもない喜びを共有できる人はほんのわずかしかいないことが分かった。私はおじいちゃんのことがとても好きだったし、今だって大好きだから、祖父への私の愛は誰も触れることができないほどに深く、個人的なものなのである。

父が重傷を負ったことによって生じた難しい家庭環境によって、まだほんの幼い頃からヨナタンと私はラマト・アビブにある祖父母の家で育てられた。極めて特殊な人間関係が形成されたのである。私の祖父母は私達二人に惜しみなく愛情を注いでくれた。そして私達を十分に理解し、そして辛抱強く対処してくれたので、世代間の溝というものを私達が感じることはなかった。祖父は私にとって父であると同時に祖父でもあった。そして彼は私という存在を支える大黒柱にして、人生の基準点の役割を果たしてくれた。祖父は私のものであったし、私は彼のただ一人の孫娘であった。それから彼は私の人生の水先案内人であり、指導者であり、そして私が目指すべき手本でもあった。

そう、あの夜、平和——私達の平和であり、彼の平和であり、そして私の平和である——について語ろうとしていたのは一人の政治家であるよりも、イスラエルの首相であるよりも、それは私の祖父であった。私は自分が祖父に対して抱いている称賛の気持ちと同様のものを何千人という他の多くの人々の声を通して表明されるのを祖父自身に聞いてもらいたかった。また、私が祖父を愛しているのと同じ位に、人々もみな彼のことを敬愛しているのだということを祖父には知ってほしかった。誰もが私の祖父に対して、少なくとも好意を持ってほしいと私は願った。

知人の結婚披露宴が終わると、ヨナタンは家に帰った。一方、私は友人達と会うためにレストランへ立ち寄った。週末の午後をテルアビブ市街のカフェ、バー、レストランに立ち寄って楽しい一時を過ごすのが、若者の間ではやりの過ごし方であった。私達は思いっきり笑ったり他愛のないことをたくさんしゃべったりしたが、私達の社会が抱えているあらゆる問題を解決してみようとすることはまずなかった。

私は時間に注意を怠っていた。まだこれから家に帰ってヨナタンと落ち合い、それから平和集会に行かなければならなかった。私達にとって二人が一緒に会場まで行き、そこで自分達の共有する祖父がスピーチするのを見届けることにはとても重要な意義があった。私達が一緒に行くことについては二人にしか分からない特別な思いがあったからだ。

私は祖父母に会うために、彼らの家にちょっと立ち寄ってみたかった。今週の土曜日の予定にはそれまで習慣として続けていた家族の昼食会がなかったので、私は一週間前のヨナタンの誕生日のあと彼らに会っていなかったからである。祖父母には彼ら自身の予定があった。一方、孫である私達二人は友人の結婚披露宴に出かけていた。おそらく祖父母に会っていたら、私はさっと彼らを抱きしめてキスすることができたのだ。

だが、時間は大分遅くなっていた。そして、このまま祖父母の家に向かって行くべきかどうか考えた末に、私はテルアビブ市街を駆け抜けて彼のもとへ行ってただ個人的な挨拶をするよりも、祖父への支援表明となるよう平和集会の中に自らを置くことの方がもっと重要であると判断した。

デモ集会に参加するため夕方六時頃に着替えをしに帰宅したところ、ヨナタンとはち合わせした。彼はラナと一緒に出かけるところであった。私は彼らとラナの家で落ち合った後、そこから一緒に平和集会に行くことになった。胸当てズボンにTシャツを引っかけると、私は母にキスをして家を飛び出した。母はあいにく手術を受けたばかりで、平和集会には行くことができなかった。彼女の安全のために介護人が付き添ったとしても、群衆の中にいること自体が外科手術を受けたばかりの身体の回復に危険を伴うものであった。それで母は家に留まって平和集会の模様をテレビで見ることになった。一方、ヨナタンと私は一緒に出かけることにした。そして私達の継父アヴィも友人達と共に会場へ向かった。

母はその日の午後に二度ばかり祖父と電話で話をしていたが、これはいつもと特に変わったやり取りではなかった。イスラエルにやって来た人々は、私達がしょっちゅう電話で話し込んでいることに、しばしば強い印象を受けることがあるようだ。大多数の自動車や人々のポケットや財布の中には携帯電話がしまい込まれている。そして、レストランでは人々は誰から文句を言われることもなく楽しそうに電話でおしゃべりをしている。

私は車でラナの家に向かった。そして、私達三人の他に友人三名を加えた計六人が二台の車に分乗して出発した。いつものようにラジオからロックミュージックがガンガン鳴っていた。平和集会に行くことで私達はわくわくしていた。私はヨナタンと同じ車に乗っていたが、彼の話していることをさして気にも止めていなかった。彼はどこか奇妙でとげとげしく、不安になるようなことを言った。何か起こった。しかし、いま私達は素敵な音楽を聞きながら平和集会に行く途中であった。何が起こるというのだろうか？　ヨナタンは時おり少し気むずかしくなるので、私は彼を無視した。

七時半頃にテルアビブの中心街に到着した。広場から少し離れた所にあるテルアビブ医療センターのちょうど裏手に駐車した。それからわずか数時間後に再びこの病院へ戻ってくることになるとは、私達には知る由もなかった。

何千人もの人々が平和集会の行なわれる広場を目指して集まってきていた。十一月とはいえ穏やかな陽気であった。私達は公園を突っ切って近道をした。そして、芝生の上を歩きながら、くだらない冗談を言っては大笑いしていた。ヨナタンの表情からは先ほど車中で見せていたあの奇妙な気持ちはすっかり消え失せたようであった。

私達はその広場に通じる大通り、エベン・ガヴィロル通りに入っていった。ここまでやって来ると、広場付近の喧騒がすぐに私達の耳元まで届いた。バスはイスラエル全土から人々を運び込んでいた。そして、集まってきた人々の間には和気あいあいとした雰囲気が漂っていた。老若男女、赤ん坊を肩車にしたカップル、そして十代の子供達がいて、彼らは皆そこで起きる出来事を見逃すまいと、じっと辺りの様子を眺めていた。さらに道なりに歩いていくと、私達の前を「ラビンと共に和平を目指そう」や「労働党青年部」などのステッカーを身に付けた子供達のグループが歩いていた。彼らの着衣は文字どおり、このようなバッジやステッカーで飾り立てられていた。彼らには両親の付き添いもなく、そこに自分達だけでいた。そして平然とタバコを吸った。彼らはどう見ても、せいぜい十二歳までの年頃であり、こうした幼い挑発的な行為と政治への関心が奇妙な取り合わせとなり、思わず私達は吹き出してしまった。私達は年を取るのだというのが私達の結論であった。すると突然、お馴染みの顔に気付いた。誰あろう、それはギディ・ゴヴであった。私達に向かって彼は驚いた表情で言った。

「やあ、また君達に会ったね。ワオー、本当に懐かしいなあ。来てくれてありがとう。随分長いこと君達とは会ってなかったからねえ」

ちょっとおしゃべりをした後、私達は別々の道を通って群衆と共に広場に向かって歩いた。広場に着いたら演壇からできるだけ近い場所に私達はいたかった。私達が前方へ進むにつれて気温が上昇するように思われた。この熱気に触れて私達は何か心地良いものを感じたことを認めないわけにはいかない。それはロックコンサートのように息も詰まるほどの圧倒的なものではないにせよ、そこにはもっと知的な雰囲気が感じられた。そして、そこに集まった人々は暴力に反対の意志を表明しようとして熱心に行動していた。

午後八時二十分にシモン・ペレスがスピーチを始めた。そして、私達がずっと待っていたあの声はもうすぐ聞くことができるのが分かった。いよいよ次は祖父の番であった。群衆の気持ちは一段と高ぶってきた。人々がリズムに合わせて「ラビン！　ラビン！」と歌うように連呼するのを聞いて、自分の心の中に満たされてくる深い幸福感を私はどう表現してよいか分からない。

私は祖父の口をついて出てきた第一声を耳にした。そして私は祖父の姿をちらっとでもよいから見てみたいと思って、繰り返しぴょんぴょんと跳び上がってみた。しかし、それは不可能であった。横断幕やプラカードや私よりも遙かに背の高い人々によって視界が遮られて、私は遠くにある演壇を見ることができなかった。必死の努力の甲斐もなかった。ヨナタンは何とかして祖父の姿を見ようと必死になっている私に気付くと、無言でさっと私を抱え上げてくれた。

やっと祖父の姿が見えた。ほんの一瞬ではあったが、明るい照明に映し出された彼の赤味がかった顔を見ることができた。だが、その表情まで判別することはできなかった。そして、これが私にとって生きている祖父を見る最後の機会となった。

この時すでにカウントダウンが始まり、私の理想とする世界がバラバラに崩れ落ちようとしているとは思いもよらぬことであった。ヨナタンは私を地面に降ろした。広場にこだまする祖父の声は、支持者たちの長い熱狂的な拍手喝采や支援の叫び声によってしょっちゅうかき消された。彼は暖かい声とはっきりとした口調でスピーチをした。しかし、私はこの同じ声をこれまでに何度も聞いていたので、彼が言おうとすることは大体察しがついたように感じた。私にはもはや彼の姿を見る必要はなかった。人々は熱心に彼のスピーチに耳を傾けていたので、四方をぐるりと群衆に取り囲まれていた私には、彼らの顔の表情や上方に高く掲げられた彼らの手を確認するだけで十分であった。

「暴力がイスラエルの民主主義の土台を揺るがしつつあります。これは非難されなくては……」

彼の声はすべてを語った。私はとても興奮し感動し、そして誇らしく思った。私は緊張からお腹が締め付けられるような気がした。彼のスピーチや風変わりな言い回しの断片が広場の周囲に据え付けられた拡声器の間でこだました。白い大きな横断幕によって、私達の視界は依然として遮られていたので、演壇上の祖父の姿を見ることはできなかった。でも私達は気にならなかった。平和な空気が漂っているのを感じ取ることができたのだから。

「平和というものは単なる祈りではありません。まずは祈りではあります。しかし、ユダヤ民族の現実の願望でもあります。平和を得ようとすれば、私達の前に立ちはだかろうとする敵がいるのです……この平和集会はイルラエル国民と世界中のユダヤ人だけでなく、西側諸国やその他の地域に住む多くの人々に向けてイスラエル国民は平和を望んでおり、そして和平を支持するのだという意志を広く伝えなければなりません。国民のほとんどは和平を望んでおり、そのためには敢えてリスクを負う用意ができていると私はいつも確信していました」

祖父は政治的見解とか交渉ごと、また来るべき総選挙について語ることはなかった。ヨナタンと私はこのことにすぐ気付いた。政治的な地位を強化するために彼はなぜこうした舞台と人々の支援の輪を利用しないのか、私には理解しがたいことであった。今そのことを振り返って考えてみると、その時点でもう既に次の選挙で自分が何の役割も演じることはないということを、まるで彼自身が知っていたかのようである。また、暴力という疫病がいかにイスラエル社会を危機的に蝕《むしば》みつつあるかが彼には分かっていたかのようであった。しかし、そもそも私達は個人的な感情を抜きにして祖父を見ることができなかったので、彼のスピーチを彼の偉大さの証明として解釈した。彼は聴衆に対して、平和であることがどんな選挙よりも遥かに重要であることを思い起こさせていた。そんな彼は私達にとって最も偉大な人物のように思われたのである。

祖父がスピーチを終えると、私達は熱狂的な拍手を彼に送った。あたかも彼自身がこの行事で王冠を授与されたかのように、王様としての彼を私達は自然に思い浮かべていた。そして今や彼は群衆の優しく暖かい反応によって称賛を浴びていた。彼は周囲のあらゆる方向から支援が寄せられてくるのをひしひしと感じた。

祖父の性格を知っていた私には、彼がいささか居心地の悪いように感じていたと思えた。彼は慎重な男であり、多くの点で内気なところがあった。それゆえに、パレードとかセレモニーといったものが好きではなかった。だから、彼がこんなに大規模な公の集まりに顔を見せるのは稀《まれ》なことであった。しかも、その夜スピーチが終わると、彼はシモン・ペレスや有名歌手のミリ・アロニの傍らに立って「平和の歌」を歌ったのである。彼にとってそれはたやすいことではなかったはずだ。おそらくその場で皆に歌の調子を合わせるのに悪戦苦闘していたのだろう。彼は歌ったりダンスをするのが苦手であったから、「これは自分自身にとって最悪の罰と言えるものだ」などと自分からそんなことをよく言っていた。

私は以前に何度も祖父の大写しになった姿を見ているが、それらはみなテレビ画面の中の出来事であった。今回、現実に私は群衆の中にいた。後にこの時の平和集会の模様をテレビで見ていたら、ひとりでに涙が出てきて私の目はぼやけた。私には必死にリズムに乗って皆に調子を合わせている祖父の頭部の動きしか見えなかった。彼のために私が代わって歌ってあげられたら……。

次の話し手が壇上に到着したとき、私達はもうここを離れようと決めた。群衆の間に漂う雰囲気は既に重苦しいものに変わっており、息をつぐのも気軽にできないぐらいであった。私達の間では、まだお互いに笑い合っていた。というのも、主催者側では恐らく参加者数はすでに数え終わっていて、私達がここを離れてもその数字に影響を与えることはないように思われたからである。その夜この平和集会には二十万人を超える人々が参加したと私は聞いた。

私達は近くの売店に立ち寄ると、飲み物を買って素早く口にした。付近の通りはどこも車両の通行が禁止され、人々の群れがずっと連なっていた。ラビンという政治家に向けられた幾重にも巻かれた愛の波は、また一方で自分の祖父に対するものであるという思いがして、私は胸が熱くなった。他の人々がテレビや新聞を通じてしか知りえない人物をこちらがよく知っていることについては特別なものがある。この時には、私が自分だけのものとしてとても大切に思っている人に対して、ここに集まったすべての人々が好意を寄せてくれることを私は光栄に思った。奇妙に思われるかもしれないが、その夜、広場に集まったすべての人々に対して私は好意を感じた。ちょっぴり批判的であったり、時どき辛辣《しんらつ》なところを見せたりするけれども、それは本来の私の性分ではない。しかし、その夜ここに集まった人々はすべて素晴らしく思われた。そこには選挙が行なわれた日の夜に感じたのとほとんど同様のものを感じた。すなわち勝利の美酒に酔いしれたときのような、一種の束縛から思い切り解放された幸福感があった。

私と同様の烈《はげ》しい気持ちを共有するもう一人の女性がいた。その女性は壇上の祖父の傍らに立っていた。彼女の目は生き生きと輝き、明かりに映し出されたその顔の表情は誇りに満ちていた。この女性こそ私の祖母レアであった。

私達は車を止めてあった場所まで歩いて行った。その途中で顔なじみの人々にばったり出会った。奇妙な偶然のめぐり合わせであったが、彼らはみな祖父母の友人達であった。

私達は母に電話を入れて、何もかもすべてが順調にいっていることを伝えた。私は「ワンダフル」という言葉を十回は使ったに違いない。それから「おじいちゃん」という語を十回も。

ヨナタンと私はそれぞれ別の車で帰宅した。私は音楽を聴いていた。しかし、ラジオ放送ではなかったので、祖父が銃で撃たれたことは知らなかった。祖父が銃弾に倒れたちょうどそんな時に、私達が笑ったり冗談を言ったりしていたということはあり得たのだ。私が「あり得た」という言い方をするのは、ただただ私達はそんなことはしていなかったと信じたいがためである。

私が帰宅したとき、ヨナタンの車は既に家の前に止められていた。私が車を駐車し、玄関入口のドアの前に立ち、ドアの鍵を鍵穴に差し込もうとしたちょうどその時であった。家の内側からドアが開かれた。純白のシーツのように顔面蒼白となったヨナタンがその大きな身体を震わせていた。アヴィも青白い顔をしてヨナタンの傍らに立っていた。

「シーッ」と二人のうちのどちらかがささやいた。

何が起こっているのか私にはよく分からなかった。居間の電話口で何かぼそぼそと話をしている母の声がかすかに聞こえた。二人の男が震えているのを目の当たりにして、私は玄関のドアの前に立ったまま身体をこわばらせていた。アヴィは平和集会で使った「和平賛成・暴力反対」というステッカーをまだ身に付けていた。それからヨナタンだったか、もしかしたらアヴィだったかもしれないが、次のように言った。

「おじいちゃんが銃で撃たれたんだよ」

あの瞬間のことはこれから一生、私に付きまとうに違いない。本能的に私は口走っていた。

「ええっ、何だって？」

私には彼らがしゃべっていることは聞こえていたが、それは何かの間違いであることを確かめたかった。

私はもう言葉が出てこなかった。自分でも何をしているのか分からないまま私は一気に階段を二階まで駆け上がり、そしてセーターを着込んだ。私の頭の中を様々な思いが恐ろしい速さで駆けめぐった。

そんなことがあるはずがない……起こらなかったのだ……彼には何も起こっていない……足を怪我しただけだ……今日は長い夜になりそうだ……みんな、おじいちゃんのベッドの傍らに座り込むことになる……彼は微笑む……そんなことは起こらなかった……彼は大丈夫。

母が受話器を置いて二階へ駆け上がってきた。そして自分の部屋に入った。それから靴のひもを結びながら何やら言葉をもらした。祖父の断片的な情報であった。

「おじいちゃんが銃で撃たれたのよ……おばあちゃんがシャバク（総合治安機関）から電話をかけてきたわ……本物の銃弾だそうよ……おばあちゃんはそれをまだ信じていない……これから私達はそこへ行くところよ……おじいちゃんはそこにはいない……彼が今どこにいるかは分からないのよ」

直ちに家族四人は車に乗り込んだ。私達はお互いにひとことも言葉を交わすことはなかった。アヴィは赤信号を無視すると、猛烈なスピードで車を飛ばした。母とヨナタンはすすり泣いていた。私達が聞いた知らせは絶対に嘘だ、私は自分自身にそう言い聞かせていた。私は口の中でカチカチという歯の震えが止まらなかった。そして、泣くこともできなかった。私は自分が泣きたいのに声が出ないことに気付いた。私の涙は辛く悲しい時ではなく、神経質になっている時に出てくるようだ。私の身体は震えていた。そして、そんな事なんて起こらなかった、起こってなんかいないんだ、と考えるだけであった。

車窓からは暗闇と次々に現れる交通信号灯の他には何も見えなかった。ふと気が付くと、私は神に向かって祖父の無事を必死に祈願していた。私達はシャバクの施設に到着した。私達はここで祖母が既に病院へ向かっていることを知らされた。(後で分かったことであるが、祖父は銃で撃たれた後、直ちに現場となったあの広場から直接病院へ運ばれていたのであった。病院への移送に必死であった彼の運転手が車内の移動電話に答えていなかったために混乱が起きていたのだ)。アヴィは素早く車を方向転換させると、祖父の収容されている医療センターを目指した。私達はラジオのスイッチを入れた。すると、次のような放送が流れた。

「イツハク・ラビン首相が本日の夜、銃で撃たれました」

ラジオのスイッチは直ちに切られた。そして、車内の沈黙は一転してすすり泣く声に代わった。再び嗚咽《おえつ》が漏れてきた。だが、それは私ではなかった。

私達の車が病院に到着したとき、既に何千人もの人々が病院の周囲に集まっていた。ヨナタンはすぐに車から飛び出ると、門のところで安全警備に当たっていた警護隊員に対して自分たちがラビン首相の家族であるということを知らせ、そして病室の方へ行かせて欲しいという私達の用件を伝えた。車のドアが開いたとき、そこには母を知っている人がいた。そして、ドアが半開きのまま、しばらくヨナタンが車外に立っている間に一人のカメラマンが近づいてきた。彼は突然ドアのすき間から中へカメラを突きつけると、私のクローズアップ写真を撮った。このことに私は腹が立ち、気持ちを傷つけられる思いがした。私はこれまでにも祖父の知名度の高さによって、ある種ののぞき見主義に慣れていたとはいえ、今そんなやり方が本当に必要であったのだろうか？　あの瞬間に私の写真を撮るという行為は人間性に欠け、邪悪に近いものを感じたのである。

アヴィとヨナタンが車を駐車場に入れている間に、母と共に私は病院に向かって小走りに駆けていった。私達は祖父がこの病院の地階で集中治療を受けていると聞いていた。それで私達はエレベータに乗るために病棟建物を目がけて突進した。ところが、エレベータの前には安全警備に当たっている男がいた。彼はどうしても私達を通してはくれなかった。彼は私達のことを全く知らなかった。そして私達に向かってこう言った。

「このエレベータは使用できません。ここにいては駄目ですよ」

母はその男と議論を始めた。そして、どうしても行かせてほしいと彼に懇願した。それから母は諦《あきら》めると、今度は祖父が収容されている治療室に通じるドアや通路を片っ端から探した。私はもうたくさんだと思った。私の神経は高ぶり、ついに切れてしまった。どうしようもない気持ちになった私は必死であった。そして大声で叫び続けた。

「誰かシャバクの方はいませんか？　助けて下さい。私達がここを通れるように、この方に言って下さい」

この間わずか三分間であったが、私達にはフラストレーションが永遠に続くかのように思われた。もちろん、これが安全警備にあたっている男のせいではないことは言うまでもない。彼は私達のことを知らずに、ただ指示どおりに動いていただけであったのだから。しかし、彼の頑固ぶりは悪夢のようであった。私は彼をぶん殴ってやりたかった。私の祖父が私達と離れて独りぼっちでベッドに伏しているんだから、と私は大声で叫びたかった。これは私達の悲劇であった。そして祖父のところへ私達が駆けつけていくのを誰も止めることなんてできないことなのだ。それは私のおじいちゃんなのよ。神様お願いだから。私のものよ！

とうとうシャバクの係官が私達を見つけると、その男に対して、私達を通すように説得した。この時にはもうヨナタンとアヴィも私達のところに来ていた。四人はエレベータに乗り込み、そして階下へ降りて行った。

地下には長い回廊があって、そこから手術室につながっていた。待合室にいる祖母の姿が遠くの方に見えた。そして、母とアヴィは祖母のところまでさっと駆け寄った。ヨナタンと私は取り乱した姿を祖母に見せたくなかったので、回廊のところで互いの身体をしっかり寄せ合った。そして乱れた呼吸をなんとか整え、徐々に落ち着きを取り戻しながらじっと待った。私達二人が待合室をすぐ出たところで壁を背にして床にしゃがみ込み、恐怖に怯《おび》えた子供達のように手を握り合っていた姿を今でも私は憶えている。

それは恐らく看護婦さんであったと思う。回廊のところで一人のご婦人が私達の前を通り過ぎる際に、突然、大きな声で言った。

「彼の容態はとても危ないのよ。家族はこのことをまだ知らないわ……」

この思いがけない一言によって、私達はまるでこの建物が頭上から倒壊してくるように打ちのめされた。そのご婦人はちょうど病院の外で遭遇したあのカメラマンのような、信じ難いほどに鈍感な人であった。

そんなことがあった後、私達はまるで真っ暗な長いトンネルの中に入り込んでしまったような気持ちになった。私達は小さな待合室に入っていった。そこにはカーキ色のマットレスが敷かれた三つあるベッドのうちの一つに祖母が座っていた。この部屋はこれといって変哲もなければ生気もなく、私達の置かれた状況に相応しい部屋だとは思えなかった。そこにはフォーマイカ社の合成樹脂仕上げの小さな机とスティール製の衣装棚があった。だが、水も電話も窓も空調もなかった。

じきに、この部屋に人が集まり始めた。それらの人々は主に祖父の政界の同志や友人達であった……大統領エーゼル・ヴァイツマン、外務大臣シモン・ペレス、イスラエル国防軍参謀総長アムノン・シャハク、家族の古くからの親しい友人シモン・シェヴェス、祖父の長年の私設秘書官エイタン・ハベル、教育省次官、厚生労働大臣、その他多数の顔ぶれがここを訪れては去っていった。

この部屋の空気は湿気でむっとしていた。すると傍らよりこんな声が聞こえてきた。

「彼は二発の銃弾を受けている。一発は脊柱に、もう一発は胸部に……」

私の周りの人々の目は恐れおののいたり、あるいは傷ついたりした動物の目のように眼窩《がんか》の中で動いていた。祖母は母やヨナタンと共にすすり泣いていた。ヨナタンは気が動転していた。彼はヒステリックになりかけていた。彼はすでに自分の気持ちがほとんどコントロールできない状態に陥っていたので、アヴィと私は何とか彼の気持ちを鎮めようとした。

しかし、ここの病院長であるガビ・バラバシュ教授が顔面をベッドのシーツのように蒼白《そうはく》にして私達のいる待合室に入ってこられた時には、私達の心の中にわずかながらも楽観的な一時があった。彼の説明によれば、二十一単位の輸血を行なった後、祖父の血圧と脈拍は安定を保っているとのことであった。祖母はそのことが何か良い兆候になるのかどうか先生に尋ねた。それは状況の好転ではあるが、依然として危機を脱したわけではないというのが先生の説明であった。祖母としてはまだ一縷《いちる》の望みがあると信じる必要があった。しかし、私にはその先生の姿が死を手招きする天使のように思われた。先生の顔の表情から、祖父にはほとんど希望が残されていないことを読み取ることができた。私は先生の顔の表情や唇の動きをじっと見つめた。しかし、私の心をほっとさせるようなものは何ひとつ見いだすことができなかった。

厚生労働大臣のオーラ・ナミールは祖母に向かって、祖父はヒーローであるとしきりに語りかけていた。だが私にとってその考えは何の慰めにもならなかった。祖父はこれまで常に私のヒーローであった。でも、今はヒロイズムを語る時ではない。この種のヒロイズムに浸る時ではない。ヒロイズムでもって祖父の生命が救われるものではないことを私は分かっていた。私はただ恐れと胸騒ぎと失意を感じるだけであった。

祖母は本当に弱々しくなった。彼女の頬を伝って流れる涙はメーキャップにはっきりと黒いシミを残した。彼女には何か飲み物が必要であった。しかし、私達には飲み水を見つけてあげることができなかった。祖母に何か起きるのではないかと私は気が気ではなかった。彼女はなかなか泣き止まなかった。彼女はそれまでいつも自分の夫のことを呼んでいたように、ただ「おとうさん」と呼び続けるだけであった。祖父は自分の妻である祖母のことを彼特有の発音でよく「おばあさん」と呼んでいた。少なくとも私が物心ついてからこれまで、彼らがお互いをレアあるいはイツハクと本名で呼ぶのをほとんど聞いたことがない。いつも「アバ」と「サヴタ」、すなわち「おとうさん」と「おばあさん」であった。

祖母は祖父に対して大きな声で繰り返し同じことを聞いていた。

「弾丸はどんな具合に当たったの、おとうさん？　どうして私でなくて、あなたに？」

私達は彼女に何と言ってよいか分からなかった。恐らくあの場に相応しい言葉などなかったのだろう。そこには依然として飲み水も電話もなかった。

叔父のユヴァルがやっと到着した。彼はあの平和集会に参加した後、そのまま友人宅に行っていた。そこでテレビを見ていて、祖父が銃で撃たれたのを知った。しかし、その放送は一人の婦人を映し出していたが、彼女は祖父が少しも大事に至っていないと語っていた。しかし、ユヴァル叔父は何か胸騒ぎがして病院に向かったのであった。北部ガリラヤ地方のマナラにあるキブツに住んでいる祖父の妹ラヘルは、このニュースを聞きつけると直ちに自ら車を走らせて、四時間半の道のりをテルアビブへ向けて出発した。ユヴァル叔父の妻エイラットと従弟《いとこ》のミハエルも到着した。

私達の待機する部屋にも電話回線がようやくつながった。米国のクリントン大統領から電話が入って、私達家族への支援が伝えられた。

私はこの込み合った部屋にいたくなかった。そして、恐ろしい知らせを耳にするのも嫌だった。バラバシュ先生の無力感の漂う表情を見るのも辛かったが、とりわけ祖父が亡くなったと遂に告げられる時の祖母の顔は見たくなかった。

私は待合室から廊下に出ていき、再び背中を壁に付けて膝を抱え込むとその場に座り込んだ。この回廊のもう一方の端はちょうど手術室の隣になっていたが、そこにはもっと多くの人々が集まっていた。私には既に政府の全閣僚が揃っているように思われた。また国会議員や軍の司令官も同様に姿を見せていた。だが、私には何一つ現実のものとは思えなかった……自分がこうして存在しているこの場所、そこに集まっている人々、そして聞こえてくる彼らの言葉などすべてがこの世の現実とは思えなかった。その時に自分が何を考えていたのか、あるいは少しは考えていたのかどうかすら私はまったく憶えていない。祖父の生命が危険な状態にあり、そして彼が死に近づきつつあることを私は恐れていた。しかし、私はその時の状況を何も理解できなかった。待ち続けていたこと、そしてその間の緊張や混乱によって私の頭はほとんど麻痺したも同然の状態になっていたのである。

それからシモン・シエヴェスが私の方に向かってそっと腰をかがめ、そしてささやいた……

それは私が最も恐れていた瞬間であった。

「ノア、おじいさんは逝《い》ってしまったよ」

その瞬間、私はそれまでずっと張りつめていた気持ちが一挙に崩れた。その知らせを受け止める覚悟は既にできていた。しかし、一方で私はそんなことは絶対に聞きたくないと必死に願っていたのだった。その夜、私は初めてさめざめと泣いた。いつもなら、すすり泣く時は胸の痛みからの解放となるのだが、この時の嗚咽《おえつ》は本当に悲痛というものであり、決して悲しみからの解放とはならなかった。私とは義理の姉妹になるカリンとその男友達のダヴィドがやって来た。私はカリンの所へさっと駆け寄っていった。そして私達はお互いを強く抱きしめて泣いた。

祖父の専属運転手の一人で三十年の長きにわたって祖父のために働いてきたイェヘズケル・シャラビは、その夜は非番であったが、片隅にただ一人座り、胸が張り裂けるほど嘆き悲しんでいた。その夜、彼はどうしても私の祖母に話しかける気になれなかった。

祖母は待合室に設置されたベッドの上でがっくりと肩を落としていた。そして、こう言い続けた。

「あなた一人をここに残したまま家に帰るなんて、とてもできないわ。かわいそうなおとうさん」

祖母には自分自身を哀れむような感情はなかった。彼女は自分の夫が気の毒でならなかった。夫が人生の半ばで生命を断たなければならなかったことで悲嘆にくれたのであった。担当医師は私達に対して、中に入って祖父に対面するよう伝えるのを躊躇していた。「とてもできないわ」「とても辛いよ」などの言葉が周りから聞こえてきた。中に入っていく者はいなかった。誰一人としてその場から動く気配を見せなかった。私達はショックのあまり、何をしたらよいのか分からなかった。私達のヒーローが本当にあの世に逝ってしまったなんて、私達にはまだ信じられなかった。実際に彼の最期を看取ったうえでないと私達はその死を受け入れることができなかった。

祖母が、母とユヴァル叔父に付き添われて最初に入っていった。アヴィ、叔母のエイラット、そして従弟のミハエルが続いた。それからヨナタンと私が入っていった。その部屋はひどく寒かった。

　祖父の遺体はシーツか毛布のどちらだったかよく憶えていないが、そのいずれかに覆われテーブルの上に安置されていた。私の位置からは祖父の顔と両肩の部分しか見ることができなかった。祖父の顔はまだ赤味を帯びていた。それはまだ生命の名残を留めるものであった。私は一歩前に進み出て、その顔に口づけをした。しかし、祖父の皮膚の感触は冷たかった。私の唇で感じたあのひんやりした冷たさを私は決して忘れはしない。あのいつもすべすべして温もりのある皮膚を持った祖父は生命を終えてそこに横たわっていた。祖父の口元のところにそのまま残っているあの一風変わったハーフスマイル、すなわち慣れ親しんできたあの特有の顔を私はいつも忘れずにいよう。あの笑顔の左隅のところこそ私が最後にキスした場所なのだから。

　私達は冷えびえとした部屋の中に立ったまま祖父の微笑《ほほえ》みを見つめていた。その場に留まっていることの辛さと同様に、そこを離れることも耐え難かった。保健大臣のエフライム・スネーは部屋に入ってくるなり、心の奥底からしぼり出すような嗚咽をもらすと、祖父の身体の上に覆いかぶさった。その姿もやはり私の脳裏から永遠に消え去ることのない記憶である。こんな風にさめざめと泣く大人の姿をそれまで私は見たことがなかった。それは大へん悲しみに満ちた一夜であった。

「彼ら」は私のヒーローを奪った。私にとって暗殺者は「彼ら」であった。私は「誰が？」

とか「なぜ？」と尋ねることさえしなかった。誰かが私に言ったか、あるいは私達のうちの誰かが話しているのを私が耳にしたかで、私達ユダヤの同胞の一人が祖父を殺したことを知ったのであった。しかし、彼とか、「それ」とか「彼ら」といった言い方にどれほどの意味があったのだろうか？　私は既に暗殺者の世界とは無縁のところにいた。暗殺者は憎悪という油をごってり塗り込まれた組織が作り出した製品であった。彼は単に一丁の拳銃にすぎなかった。だから彼が誰であるかは私にとって重要なことではなかった。

私自身の個人的世界はすでに崩壊していた。最も重要なことは、私個人の喪失感や心の痛みに気持ちを集中することであった。暗殺者についてあれこれ考えたり、憎しみを感じたり、罪や責任を探し求めるところまで私の気持ちはまだなっていなかった。暗殺者に対してどんなに人間性ある姿勢をとったところで、それはどうしても暗殺者と祖父の比較を強いるもののように思われた。私にはそのような比較をする余地はなかった。

祖父は「すべてのイスラエル人は友人である」という古い諺《ことわざ》を信じた。ちょうど和平を誠実さの一つの表れとして考えていたのと同じように、祖父はこの言葉を信じた。しかし、今の私には祖父の誠実さはどこか異なる方向へ行ってしまったように感じられるのであった。彼は自分の生命を犠牲にしてまで平和のコストを支払う必要などなかったと思う。国民的ヒーローであろうが、なかろうが、私にとって祖父は常に私のヒーローであったし、これからもずっとそうあり続けるだろう。そして、私はこのヒーローが死なないでほしいと切に望んでいたのであった。

「おじいちゃんには何も起こったりしないから。ノア、約束するよ」と彼は何度も私に言っていたのに。

後に私の母が言うには、彼女が生まれてから四十五年のあいだに祖父が約束を守らなかったのはこれが初めてであったそうだ。しかし、それは誰かが彼の約束をつぶしたのであった。祖父は本当に死んでいた。

警察による警護体制ができるまで私達は地下室で待機しなければならなかった。祖父の公用車は彼自身の鮮血を浴びていたので使用できなかった。そこでじっと待っているのは悪夢の時間がいっそう長引くだけのように思われた。私達はもう十分に待った。だから、ここから離れたかった。しかし、その一方で祖父をそこに置いたまま帰宅するなんて考えられないことのように思われた。祖母もそのことを考えると耐えられない気持ちになった。そして祖母は二人で一緒に家を出てきたのに、今はこうして自分一人で帰らなくてはならないことを繰り返し言い続けていた。

もはや意味を持たなくなったけたたましいサイレンとともに、私達は喧騒の中を一団の車両に護衛されて病院を後にした。そして私達にはもう疾走していくべきところは、どこにもなかった。

病院の外には大勢の人々が無言で立っていた。彼らの多くはキャンドルの灯りを掲げていたが、それらの小さな炎はテルアビブの夜に悲しげにゆらめいていた。私達にこのような護衛が付いたのは今回が初めてのことであった。私達家族の間ではこれまで身辺警護などにまったく関心がなかったし、祖父が警護のことを心配したことは決してなかった。彼は防弾チョッキを着用したこともなかった。恐れることなどなかったからだ。何よりもまず彼は軍人であった。そして、もうとっくの昔に恐怖というものから卒業していた。

祖父母の自宅アパートがある街区の周囲にも大勢の人々が集まっていた。警護のことが中心課題になった。群衆が集まっていたために、私達はアパート建物内のゴミ収集室を通って中に入らなければならなかった。これは悲しくも象徴的な通り抜けの方法であった。私達は静かに家の中に入っていった。祖母は肘掛椅子にへたり込んだ。彼女は亡き夫のことを夫自身に語りかけるように呟《つぶや》き続けた。そして繰り返し問いかけた。

「どうして私ではなくて、あなたなの？　なぜ彼らはあなたを撃ったの？　ねえ、おとうさん。可愛そうなおとうさん」

じきに祖父母の自宅アパートも人々で一杯になった。しかし、私の頭の中は霧の中のようにぼんやりしていた。私はほんのわずかなことしか憶えていなかった。誰がそこにいたのだろうか？　時刻はいつ頃だったのだろうか？　それらは無関係な問題であった。私は突然ぼーっとめまいを感じた。あらゆることがもう無意味になっていた。その夜、私達残された家族はみな一緒にいたかった。私達は既にあの病院で最も辛い別離を味わった。だから、私達はこんな時こそ一緒にいなくてはならなかったのだ。別れるなんてとてもできなかった。私達は祖父の家で眠りを取ろうとしていた。祖母、母、そして私の三人はそれぞれの心の内にぽっかりとあいた穴を必死に埋めようとして、その痛みに耐えていた。

私は自分と母の分の衣類を取りに戻るため、ヘルツェリアの自宅まで車で送ってもらうことになった。私は祖父のアパートの玄関のドアを出ると、浮遊するキャンドルの海という過去に向かった。そして、アヴィの運転手サミや護衛一人とともに一台の車に乗り込んだ。私に護衛が付くなんて？　私の人生はまさしく一変していた。

私がヘルツェリアの我が家に到着したとき、庭の外壁にぽつんと一本のキャンドルが掛けられていた。誰かが祖父のためにそこへ置いてくれていたのだ。男性か女性かは分からないけれども、その人は祖父の身に何が起こったか知っているのだ。そして世界の人々はイスラエルの首相が暗殺されたことを知った。

しかし、ノアが最愛の祖父を失ったことを全世界の人々は知っただろうか？

私は一番の親友であるシャロンに電話をかけてみた。だが私達は互いに語り合うことができず、ただ泣きじゃくるだけであった。言葉が出てこなかったのだ。

ヘルツェリアから今度は祖母の家に戻る帰り道で、テルアビブ市街を通過する際に私は再び大群衆、哀悼の意を表す人々、押し寄せる津波のような涙に遭遇した。でも、依然として私の頭の中は霧に包まれたようにぼんやりとしていた。

夜中の十二時を回って、ここに集まっていた人々は去りがたい祖父母の家をとうとう後にした。私達は祖母に手をさしのべて彼女をベッドまで連れていった。まだ泣き続けていて、ショックの残る祖母は何やらぼそぼそと断片的に言葉をつぶやいたり、溜息をついたりしていた。そのような状況においても、祖母は洗顔用の水と就寝前の化粧クリームを用意して欲しいと頼むのであった。物事を論理的に秩序立てるのを忘れないところは、いかにも祖母らしい。もし、その場に彼女の夫である祖父がいたならば、きっと彼は自分の妻のことをからかっていただろう。祖父は、彼女のそうした几帳面なところはドイツ系の家系から来ているのだと好んで言っていた。しかし、その祖父も既にそこには存在しない。そして彼特有のジョークさえも。

その夜、母と私は祖母と共にひとつのベッドで寝た。私はこのベッドがとても幅の広いゆったりしたベッドだといつも感じていたから、小さい頃より気に入っていた。祖父母と私はその大きなベッドの上でよく一緒に寝たものである。そして、悲嘆にくれたその夜は、ちょうど三世代にわたる祖父の家庭の女三人が川の字になって寝ることとなった。

その日の夜は一晩中ずっとテレビが祖父の足跡を記した全記録、和平協定調印の際の写真、以前に彼が応じたインタビューの場面を放映していた。その夜、幼い子供達はそれら祖父のテレビ画像を見たとき、それぞれの両親に言い続けた。

「ほら見て、ラビンは死んでないよ。彼はそこにいるじゃない！　僕たち彼を見ることができる。見て！　彼は戻ってきてる。死んだなんて、それはみんな嘘だ」

そして、沈黙の中で私は祖母と母の間に仰向けになりそっと身体を伸ばすと、頭の中で祖父に向かってこんなことを語りかけた。

「もし、おじいちゃんがこれは悪い冗談だよ、あとで戻ってくるからねとおっしゃるのなら、私は誰も責めたりしないことを約束するわ」

2章　初期の思い出

一九七九年に出版された祖父の回想録はこのような書き出しで始まっている。

「いわゆる客観的な尺度をもって出来事を評価する歴史家を気取るつもりは毛頭ない。この本は個人的な回想録であり、私は自分自身の観点から自分がそれらの出来事の中で果たした役割によって規定されたとおりに出来事を描写したつもりだ」

今日、私はその祖父の声明を私自身のものとした。そして、祖父の言葉は私の気持ちを随分と楽にしてくれる。十九歳の私には「全般的な客観性」や「重要な歴史的事実」は圧倒されるような概念である。祖父を描写する私の唯一の方法は一人の孫娘の目を通して描かれるものであり、また私たちが共有した深い愛情、親しい関係、そして様々な感情などを通して描くものである。

私に投げかけられた質問のすべてに答えることはもとより、私自身が自らに発する問いにさえすべて答えられるわけではない。また、私は「もし……であったなら」という質問はしたくない。祖父はその種の推測を嫌っていた。彼が日頃から言っていたことは、人はあるがままの現実に向き合い、そこにある課題に立ち向かうべきであるということであった。

私にはどこか運命論者のようなところがある。自分にコントロールできない、いかなる現実をも受け入れることを信条としている。祖父の暗殺と大きな喪失感に対する私の姿勢はそれと同一のものである。これは好むと好まざるとにかかわらず、今私が何とか克服しなければならない一つの現実である。もし……であったなら、と考えるのは私には無意味なのである。

祖父が亡くなってから、彼に関する私の記憶は悲しみによって歪んだものとなっている。書物や新聞で祖父について読んだことと小さな孫娘ノアに対して彼が語ってくれたことを私は混同している。生前、彼について知ったことをその死後に知ったことと区別をつけるのは難しいと思う。私の心の中をパッと照らしてくれる記憶によって、私はよく知っている彼がどういう人であったかを思い起こすのである。それから、私の心を涙と悲しみで一杯にするあの平和集会や暗殺という決定的なイメージがある。ちょうど幸先良い滑り出しがひどい結末で終わったあの恐ろしい土曜日のように、今は喜びと落胆がごちゃ混ぜになっている。

私は祖父と過ごした最後の時のすべての場面を、自分の記憶の中で高価なモザイク作品のように組み立てたいと思う。いつもなら容易に過去の記憶を呼び起こすことができるのだが、昔からの習慣として行なわれてきた三十日《シュロシーム》の服喪期間のあいだ、ずっとショック状態のまま時は流れていった。私は気持ちの集中ができなかった。それからしばらくして、とても象徴的な記憶が私の頭の中に甦《よみがえ》ってきた。そして、暦の日付をたどってその記憶を正確に位置づけることができた。

祖父が亡くなる前の土曜日、私たち家族はみな一緒の時を過ごした。

一九九五年の十月二十八日の午後、ヨナタンの二十一歳の誕生日を祝うために、家族はテルアビブの祖父母の自宅アパートに集まった。兄の誕生日はその前日に当たっていた。それはどこの家庭でもごく普通に見られる打ち解けた家族の昼食であった。私たちは食堂のテーブルを囲んでイスラエルの政治について語り合い、それから十二月にやって来る兵役期間の終了後にヨナタンは何をやっていくのか検討をしたのであった。

祖父は、ちょうど一週間前に国連の五十周年記念行事に出席するためニューヨークを訪れたときの話を聞かせてくれた。次から次へと公式行事をこなさなければならず、祖父にとって気の休まることのない旅であった。スケジュールは大へん過密であり、一つの公式行事が終わって次の場所まで駆けつける際に、祖父には着替えの時間がなかった。通常の外交マナーではタキシードの着用が必要なところであったが、にぎやかな夕食会にさえビジネススーツで出席せざるを得なかったことを彼は思い起こした。しかし、たとえその服装では場違いの感が多少あったにせよ、彼は当初の会見スケジュールどおりにこなしていくことに固執した。それが常に形式よりも実質を重視する祖父の流儀なのであった。

夕食会が始まろうとする矢先に、ビジネススーツを着用する祖父のためにクリントン大統領の補佐官が蝶ネクタイを持って助けに来てくれたことを、祖父は私たちに語って聞かせた。しかし、その蝶ネクタイは祖父には長過ぎた。内側に折り返して何とか短くしてみたのだが、まだ端のはみ出た部分が垂れ下がって見えた。それでクリントン大統領は自ら手伝いに割って入ると、借りたハサミで長く垂れたネクタイの端を切り落としてしまった。その話を聞いて私たちはみな腹を抱えて大笑いしたのであった。祖父はいささか当惑しながらも、明らかにこの話をするのを楽しんでいた。祖父がどうしても克服できなかったことは、彼が生まれつきのはにかみ屋ですぐ顔が赤くなることであった。彼の政界での経歴やマスメディアの彼に対するこれまでの取り扱いにもかかわらず、彼は生涯を通じて公の場では少しあがるところがあった。

　祖母はそのことで夫をよくからかっては面白がっていた。彼女は夫が語った話にさらに付け足すと、この国連訪問旅行の期間中に世界各国の政治家が大勢集まった部屋に祖父がどんな風に入っていったか、そして、大体が自ら積極的に人前に出て誰かに話しかけようとはせずに、部屋の隅にへばりついていた我が夫のエピソードを披露《ひろう》した。しばらくして祖父が独占していた小さな隅っこは皆の注目を浴びる中心的な場所となった。どのような部外者にとっても、そこにやって来た人達は祖父と面識を持とうとしているのは明らかであるにもかかわらず、祖父はそんな状況にいつも驚かされるばかりであったのだ。

　私たち家族の昼食が終わると、「テレビコーナー」と呼んでいる場所へ皆が移動した。ここは実際には祖父の執務室の一部になっていて、彼の膨大な蔵書があった。書棚はテーマ別に整理されているようであった。祖母はいつもそれらの蔵書を何らかの秩序だった配列にしようとしていた。だが、それはあまりうまくいっていなかった。それでも彼女は実際にそうすることを止めることはなかった。

書棚の一つには一九七九年に出版した彼の著書『ラビン回想録』が何冊か並んでいるのを見かけた。ちょうどあの時にどうしてその本のことが思い浮かんだのか私には分からない。しかし、その本を私は一冊も持っていないことに突然に気が付いた。私たちは一冊持っていたが、ヨナタンと私は小さい時にその中の写真にしか興味がなかった。私たちがその本で遊んでいるうちにボロボロになってしまったのだ。私たちの飼っていたプードル犬ジョージは、そのとき何らかの知的な欲求からその本をズタズタに噛み切って自分の仕事を全うしたのだと思う。

祖父は腕を伸ばして棚からその本を一冊取り出すと、私のためにサインをしてくれた。

「愛するノアへ……おじいちゃんより」

それは、祖父が暗殺されるちょうど一週間前のことであった。彼と一緒にいた最後の時であり、彼を抱きしめ、そしてからかうことのできた最後の時であった。それはまた私たち家族が一緒に過ごした最後の時であった。そして、不吉にも彼の回想録が欲しいとおねだりしたその時であった。

私たち家族の絆は強く、それがまた私たち家族の各々にとって力の源泉となってきた。私たちはちょっとシシリアのマフィアの一家のようだと、時には冗談を言ったりもした。私たちは危機に直面することで試され、そして家族としてその都度切り抜けてきた。例えば、私の生まれた時のことを取り上げてみたい。母が私を身ごもっていた頃、職業軍人の将校として将来を嘱望《しょくぼう》されていた父は軍事演習の一環でシナイ砂漠をパトロール中に事故で重傷を負った。さらに私が生まれた頃の数週間は、いわゆる「銀行口座」スキャンダルとして知られるようになったあの事件によって、祖父は政治的に十字砲火を浴びていた。ようこそこの世へ、ノア！

何というタイミングなのだろう。そんな騒ぎがあったにもかかわらず、家族の愛情や注目とか理解といったものを奪われたなどと私が感じたことは一切なかった。

私は一九七七年三月二十日にテルアビブで生まれた。そして、その二週間後に祖父は首相を辞任すると発表した。そのきっかけとなったのが、一九六八年から一九七三年まで駐米イスラエル大使として赴任していた時に祖父母が共有していた古い銀行口座であった。この銀行口座は実際には祖母が開設したものであった。というのも、二人の金銭関係については常に祖母が処理していたからである。祖父は財布ひとつ持ち歩くことさえなかった。彼はそうする必要がなかったのだ。彼は買い物に出かけることもなかったし、実際に買った物もなかった。祖母がいわば専従で「銀行」の役割を果たしていたのである。祖母は銀行口座を管理していた。しかし、その口座は二人の共同名義になっていた。問題は祖父が任期を終えて二人がイスラエルへ帰国した際に、その米国の銀行口座が閉じられていなかったことにあった。当時、イスラエル市民は海外に銀行口座を持つことが禁じられていたからだ。たとえ祖父の場合のようにわずか数千ドルの預金残高であっても、それはいけないことであった。

それから年月を経て、私がジャーナリズムとコミュニケーションの科目を履修していた際に、ある日の授業でニュース・スクープについて学んだ。学生はイスラエル史における最大のスクープについて先生の講義を聞いた。それは「レア・ラビンのドル口座事件」であった。たとえそれが知的な教育訓練であると考えられたとしても、教室で四十人の視線がじっと私に注がれる中で、この事例研究の授業が楽しかったなどと私は装うことはできない。

祖母は、ヒューマンエラー並びに過失の結果として、彼らの銀行口座を閉鎖し忘れた。しかし、この話はじきにメディアを支配することになった。イスラエル議会は祖父に対する免責を取り消さないことに決定した。しかし、その代わりに祖母は訴追に直面することになった。政府の直面するその他すべての問題が噴出して最高潮に近づくと、銀行口座のスキャンダルは政治的危機へと陥った。そして祖父は辞任を決断した。彼はそのとき五十五歳であった。彼は一夜にして勝者から敗者への道を歩むこととなった。突然、彼の経歴がイスラエル史のちょうど新たな脚注になったように思われた。彼はイスラエルの首相としての職を断念した。そして、しっかりと妻の傍らに立った。たとえ祖母のみが地方裁判所の法廷に立ち罰金を支払うよう命令を受けても、祖父は常に自分にも責任があると主張した。

祖父よりも目立たない他の外交官ないし政治家の場合は、国庫にいくばくかの金額を支払うことによってそっと処理されているのであろう。しかし、それがあの六日戦争のヒーローで駐米大使を務めた現役首相のイツハク・ラビンとなると、大きなスキャンダルになるのは避けがたいことであった。

彼は荒涼たる砂漠の中に立つことを余儀なくされた。まさにそんな状況の下で祖父は回顧録の執筆を決めたのであった。私が生まれたときに彼が回顧録の執筆に着手したこと、そして今度はその祖父の死に際して私が彼の思い出を綴っていることを重ね合わせると、私はそこに不思議な巡り合わせを感じるのであった。

家庭環境は祖父の政治的問題がなくても、既にかなり難しい状態にあった。事故によって私の父は右半身の一部が麻痺していたし、そのほか頭部にも損傷を受けていた。父と母の間の心の葛藤は大きくなった。そして母は、とうとう子供たちはなるたけ自分たち夫婦とは一緒にいない方が良いだろうと決断した。これが兄と私がまだ幼い頃に祖父母の家でほとんどいつも過ごしていた理由である。

我が家のあの試練の時期に私が誕生したことによって、多少なりとも家族に慰めをもたらしてくれたことを私はただひたすら願うだけである。私はあまり泣いたりしないので、手のかからない赤ちゃんだったという。私はまるまるとして、生まれた時の体重は四キロ近くもあった。これはヨナタンが生まれた時とほとんど同じぐらいであった。私が生後一歳六か月まで私の頭部に毛が生えてこなかったことで母と祖母は気をもんだ。頭髪がなかったので、彼らは私にどんな風に衣服を着せたらよいか分からなかった。そして私が服を着たらおかしく見えるだろうと判断した。そこで、私には上っ張りを着せることにした。おそらく今日でもなお、私が上っ張りを好んで着用するのは幼い頃のこんなことが要因なのだろう。

母と祖母は、一晩中ずっと眠り続けていた私を今も憶えている。そのような私を彼らはきっと手が掛からずによかったと考えていたに違いない。対照的にヨナタンはちょっと厄介《やっかい》であった。彼は五歳まで、まるまる一晩を自分のベッドで過ごすということがなかった。

幼い頃、祖父はいつも私の傍らにいてくれた。私がまだほんの子供のときでさえ、彼が私を子供扱いすることは決してなかった。赤ちゃん言葉で私に話しかけることはしなかったし、むしろわずか三歳の私にチェスのやり方を教えてくれたほどである。私にチェスの才能があったなどとはとても言えないが、それでも祖父は辛抱強く私のチェスの相手を続けてくれた。

政治家の家庭で育った私は、ごく自然にイスラエルの歴史に関心が向くとともに、主として祖父がその中で果たした役割を通してイスラエルの歴史について知識を得ていった。私は、彼の関わった部分はそんなイスラエル史の最高の山場であると考えた。私はイスラエルが独立を求めてもがき苦しんだことや、一九六七年に起こったあの六日戦争について学んだ。私は「野党」、「多数党」、「連立政府」の相互間の違いについて分かり始めた。私はそうした学び方が自分自身にとって十分な政治教育であったなどと主張することはできない。しかし、私にとっては政治教育の良い始まりとなった。

こうした教育のすべてを通して、私は説得力ある見解を形成することができるようになったのだと思う。そして、それらは祖父によって、また彼に対する私の盲目的な信頼によって大きな影響を受けている。これまでの年月で私の日常生活に実の父がいないことによって、私にとって祖父は強烈な「父親像」になってしまった感がある。祖父はよく私を幼稚園に連れていってくれたり、お話をしてくれたり、散歩に連れていってくれたりしたものだ。話題になることはあまりないが、祖父と私の絆は無条件の愛によって封印されていた。彼の周りにいると、私は格別の安心感が得られた。彼はいつも私が世界で一番素敵で賢く、可愛らしい少女なんだから、という気にさせてくれた。何しろ私は彼のノアだったから。

私は祖父の唯一の孫娘であるが、彼は三人の孫達に対して分け隔てすることは決してなかった。彼は三人に等しく愛情を注いでくれた。叔父のユヴァルには私の従弟になるミハエルがいて、私の母にはヨナタンと私がいた。ヨナタンや私の方が祖父により親密になったのは、私たちが祖父と一緒に暮らしていたという環境によるところが大きかった。

奇妙な出来事が私の記憶の中に飛び込んできた。そのうちの一つは私が三歳の時のことで、祖母が日帰りのキャンプからヨナタンを引き取りに出かけていた時の話であった。私の世話をするために家に残った祖父は、何でも好きなことをしてもよいが、行儀よくしないと駄目だと私に言い聞かせた。実際には祖父はテニスのテレビ中継を熱心に観戦していたので、屋根が落ちてきたとしても恐らく彼はそれに気付かなかったことだろう。しかし、祖父は邪魔されたくなかったし、私の方は誰かとおしゃべりがしたかったので、私は祖母の化粧室に入っていった。そこの鏡の前で化粧を塗りたくっておかしな顔をした私は自分自身とおしゃべりをした。じきにその「会話」は途切れて、私はそのまま寝入ってしまった。そして、祖母が家に戻ってきたとき、私がどこへ行ってしまったのか祖父には分からなかった。そこで祖母が尋ねた。

「あなた、気は確かなの？　あの子は下に落っこちたかもしれないわ。ここは八階よ」

「どうしてノアが落ちるんだい？」

祖父は私がそんな馬鹿なことはしないと確信して、そう答えた。

祖母の方はそこまでの確信はなかった。彼らはそこら中を探し回った。そして、とうとう化粧部屋の中でぐっすり眠っている私を発見したのであった。誰もがほっとしたので、私のことを怒ったりする人はいなかった。

祖父は当然そうなっても仕方がない時でも、決して不機嫌になることはなかった。ある晩、祖母と母が外国へ出かけている間、私は祖父のベッドに寝ていた。季節は冬であったので、私たちは電気毛布を使っていた。早朝に突然、祖父はベッドから飛び起きると大声をあげ始めた。

「ノア、早く起きなさい。シーツを取り取り替えなくちゃ。早くして！　そうでないと、二人とも死んでしまうよ。さあ、早く！早く！」

私たちは感電してしまうところであったと祖父は確信していたに違いなかったが、彼はおねしょをした私を叱ったりはしなかった。祖父はシーツを取り替えるなり、笑い出した。それから三年前まで、私が祖父母の家で眠るときがあると、彼は時々真夜中に私を優しく起こして冗談まじりに、トイレに行ってきたら、とよく言っていた。

私がまだ小さかった頃、母は父との離婚を求めようと決心した。私たち家族の全員、特にヨナタンと私にはそうすることが最善の解決策であると母は考えたのである。そのような状況の下での離婚は特に精神面での影響が大きい。そして、それは家族の皆に傷を残すことになった。父は苦しんだし、私たちも同様であった。

祖父の政治的な威信を傷つけようとする試みの一つに、イルラエルの新聞の中には重傷を負ったイスラエル軍人である夫のもとを私の母が離れることに決めたという事実を問題にするところもあった。しかし、母は自分のしていることは正しいと確信していた。私はそうした母のきっぱりした決断が父の再起を可能にしたのだと思う。父はとうとう再婚した。父の新しい妻はエスティと言い、彼らの間にはイタイ、タマル、アヴィヤタル、ヤエルの四人の子供がいる。そして今日まで長年にわたって父は、いつも私たちと接触を保ってきた。

今度は私の母が再婚した。母の再婚相手はアヴィという名で、家庭生活では一家の中心的な役割を果たしている。一方、新しい父の連れ子であるカリンは、私の新たなお姉さんで親友ともなった。アヴィと私が親しくなるまでにしばらく時間がかかった。しかし、今では私たちは良き友人同士であり、お互いを完全に信頼している。私の方は些細《ささい》なことから重要なことまで、私の人生で起こっていることについてほとんどいつも彼に相談している。そして、彼が私のそばにいてくれることをいつもあてにできるのが私には分かる。

両親の離婚はヨナタンと私との間に同盟関係とも言えるような緊密な関係をもたらしてくれたし、それは現在でもなお固く維持されている。だが奇妙なことに、二人の間の緊密さはお互いの異なる性格を浮かび上がらせてもいる。ヨナタンが好きなものは何でも私は嫌いであり、私が嫌いなものを彼は何でも好む。このような二人の間の性格的な相違は多くの悩ましさと楽しさを生み出す。そして幸いにも同一のユーモアのセンスを持ち合わせているし、時には少々辛辣《しんらつ》であったり、どぎつかったりする。家族の中で私たちのジョークは「必殺のもの」として知られている。

イスラエルの若者の間では、自分の本心とは逆に言うことが普通に見られる。ヨナタンや私も同様である。だから「ひどい」ことが「すげえ」ことになるし、祖父を攻撃したジャーナリストのことは「偉大な男、称賛すべき、素晴らしい……男」として褒《ほ》めそやされるのである。時にはヨナタンと私は二人の間だけで決めた秘密のスラングないしはニックネームを使って他人のことを表現することがある。

人との付き合い方で二人の間には相違がある。ヨナタンは頑固であり大きな声で話をする。

彼はだいたいが要求口調で自分の欲しいものを手にする。しかし、私はもっと物静かなうまいやり方で自分の希望を叶えることができると思っている。両親は私が目的を実現したことを知ることさえない。

私たちは言い争うことよりも、互いに補い合うことの方が多いように思う。私たちはほとんど双子の兄妹のようにして一緒に大きくなってきた。二人の周りにはいつも愛情があふれていた。そして私たちは二人とも祖父に対して同様の敬意をはらっている。他人から祖父のことで質問を受けるときのために、私たちの側では質問者をちょっぴりまごつかせるような答を予め用意しておくのである。

「どんなおじいさんですか?」

「どこにでもいる普通のおじいちゃんですよ」

「おじいさんを見かけたりしますか?」

「いいえ、彼はいつも頭に紙袋をかぶっています」

「おじいさんは本当にゆっくりしゃべるのですか?」

「いいえ、家ではスプリンターみたいに快速で……」

もちろん、自宅での祖父の生活ぶりについて私たち二人が細かい点まで共有しているわけではなかった。だから、こうしてこの本を書いているときでさえも、私は多くのことを明かすことに妙な気持ちがするのである。

祖父がテレビでサッカーかテニスの試合を観戦しているとき、何を話しかけても彼からちゃんとした反応を引き出すのは不可能であった。私は本当にびっくりするような話を彼に聞かせることができたし、当惑させるような質問だってすることもできた。それなのに彼の反応は、私の方を向いて戸惑《とまど》った様子でうなずき、「うん、うん」と言うだけであった。

私が話し終えていたり質問を中断していたりすると、彼は私の方に向き直って悪気はなく尋ねる。「何か言ってた、ノア?」といった案配《あんばい》であった。

祖父がテレビでサッカーかテニスを観戦しているときには、決して彼に話しかけないというのが家族の間の笑い話になっている。

私の母は二人の子供の間で交わされる愉快な連携プレーを見て楽しんでいる。もちろん、私は母を敬愛している。客観的に見て、彼女は最高に素敵な女性である。ヨナタンは時々母を怒らせていたが、私には母と激しくやり合ったという記憶がない。

しかし、まだ私たちが小さかった頃に些細《ささい》なことで母を悩ますことはなかった。確かに食べることでそういうことはなかった。チョコレートが私の主食のような状態になったときでさえ、母は私が食べてよいもの、あるいは食べてはいけないものを決めつけることは決してなかった。しかし、祖父の家の朝食で私がシリアル食品を盛った皿をうらめしそうに見つめていると、祖父はそっと私の肘《ひじ》をつつかなくてはならないことがよくあった。

「ぜんぶ食べ終えるんだよ。ノア、さあ！」

しかし、私はそれでも何とかして食べようとは決してしなかった。私が祖父の言うとおりにしないことが分かると、祖父は自分の母親の話を持ち出して私に聞かせるのであった。

「ねえ、おじいちゃんがまだ子供の頃、自分の皿に盛られた朝食を食べ終えてないと、おじいちゃんの母さんはね、僕の食べ残しの皿をいつまでも取っておいて、それを昼食に出して、そして夕食に、さらに翌日の食事へと……完全に食べ終わるまで、来る日も来る日もそうしたやり方を続けたもんだよ」

と祖父は言った。


祖父は自分の母親を大へん尊敬していた。その母親は祖父がわずか十五歳の時にがんで亡くなった。当時、彼は農学教育を行なうユダヤ人の寄宿学校で最良の学校の一つ、カドゥーリ学校にいた。しかし、彼は母親が息を引き取るわずか数分前に何とか病院に到着すると、かろうじて最愛の母と最期の別れの挨拶を交わすことができた。祖父にとって、あのわずか数分間の持つ意味が今の私にはよく理解できる。私の場合は祖父の死に目に間に合わなかったから。

祖父の母、ローザ・コーヘンはすごい女性であった。彼女はロシアで育った。裕福なロシア人家庭に十人の子供達の一人として生まれた。ローザは信心深い娘ではなかった。そして宗教学校でなく国営の普通の学校に通うのだと主張した。その後に社会主義者の政治活動グループの人々との交流によって、彼女は熱心な社会主義者となった。また、実際に社会主義活動に大へん熱心であったので、当初は彼女がシオニストになることはなかった。若い頃、彼女は伝統的な一民族国家はすべて廃止されなければならないとするマルクスの考えを信奉することと、ユダヤ人国家の創設を求めるシオニストとの調和をはかることができなかった。

彼女はロシア革命の思想は支持したが、その後に成立したボルシェヴィキ政権に対してじきに幻滅を感じた。一九一九年にパレスチナに住む家族の一員にはるばる会いに来たとき、彼女はそこに留まることを決意した。キネレット湖（ガリラヤ湖の別名）近くのキブツ・キネレットを立ち上げた移住者のグループに加わったが、彼女はおよそ二十名の若者の中で唯一の女性であった。一九二一年、エルサレムにおいてユダヤ人に対する暴力行為が頻発したとき、彼女はエルサレムに向かった。そして、看護婦の制服を身につけて負傷者の救護活動を開始した。

祖父の父、ネヘミヤ・ラビンは十五歳の時にウクライナにおけるユダヤ人に対して行なわれた迫害から逃れて何とか米国へたどり着いた。第一次世界大戦中の一九一七年に連合国は、パレスチナをトルコの占領から解放するのを支援するために、ユダヤ人による旅団を組織した。そして彼は入隊した。彼はローザと違って、当初からのシオニスト活動家であった。

祖父の父親がラビンという姓名を使ったことに関して、その当時の新兵募集担当の将校のおかげである、と祖父はよく語っていた。この将校は土踏まずのない扁平の足裏をしていることを根拠に、祖父の父親にあたるラビツォヴという名の志願者の受け入れを拒否した。それで祖

祖父イツハク（5歳）と母親ローザ、妹ラヘル

父の父は直ちに別の志願兵募集事務所へ向かった。そこでは彼の足裏に土踏まずがないことに誰も気付かなかった。そして、彼は異なる名前で登録したのであった。ネヘミヤ・ラビンとして彼はユダヤ人部隊に受け入れられた。カナダ、イギリス、エジプトを経て、彼の大隊は遂にパレスチナの地に到着した。一九二一年の困難な時期にローザとネヘミヤが出会ったのはエルサレムの城壁の中であった。その後、間もなく彼らは結婚した。

二人は熱烈な社会主義者の見解の持ち主であった。一九二二年三月一日に生まれた祖父と三歳若い妹のラヘルは両親からスパルタ教育を受けた。贅沢《ぜいたく》は良くないことであり、そしてまた生活する上で基本的に必要なもの以外は重要ではないと教えられた。金銭や個人的な栄達を自慢するのは弱い性格の証明であった。初期の定住者たちの人生への実際的な理解方法に従って、祖父は実用的な技術を学ぶために寄宿農学校へ送られた。だが、そこで自分の時間を専ら知識の吸収のみに浪費する寄宿生活に失望した。

ローザは、強い政治的見解の持ち主であるにもかかわらず、決して政党に所属することはなかったが、公的な活動には相変わらず積極的に関わった。何事につけても大へん政治性を帯びた――今日でも依然として多くの点で非常に政治的な――国で、このことは異例のことであった。彼女はハイファのユダヤ人の自衛団を組織することに熱心に携わっていた。それから後の一九二三年、祖父が一歳の時に家族で移住したテルアビブでも、彼女はその活動に関わった。テルアビブではソーシャルワーカーとなって、問題を抱えた子供達やサポートが得られない未亡人の家庭やその他援助が必要な人々を助けた。とうとう彼女はテルアビブの市議会議員に選出された。そこで自らの強固な社会主義の信条によって「レッド・ローザ」というニックネームを頂戴することとなった。

祖父と祖母はテルアビブで知り合った。祖父はイスラエルが独立国となる前のシオニストの秘密の軍事組織であるパルマッハの一員であった。そして、誰に聞いても彼は格好よく、勇ましく、神秘的――一人の英雄を描写するのに用いるようなすべての特質やパルマッハの隊員が共通に有している特徴――であった。祖母はドイツから移住してきた裕福な家庭の娘で、当時女子高生であった。可愛らしい女の子であった。今でもだれかが彼女の昔のアルバム写真を見ていて「レア、あなたが昔はこんなに可愛かったなんて知らなかったわ」と言うと、笑い転げている。

色あせてきた当時の白黒写真には長く伸ばした髪を風になびかせ、満面に笑みを浮かべている若き日の祖母の姿を見ることができる。一方、祖父の方はおずおずと祖母を見つめている。

パルマッハ時代の祖父

写真の二人は本当に映画スターのようであった。

彼らの最初の出会いは家族の間で語り種となっている。そのことについて、祖母はよくこんな風に語っていた。

「私たちはアイスクリーム屋さんで出会って、それからずっと今まで二人は一緒なのよ」

それは一九四四年テルアビブの街であった。二人の友情は互いにそっと視線を交わすことで始まった。彼らはアイスクリーム屋さんで出会った。お互いが少し離れた所から観察していたが、一言も言葉を交わすことはなかった。とうとう最後に、祖母の方がきっかけを作った。祖父の方に向かって歩いて行くと、手をいっぱいに伸ばした。

「こんにちは、私の名前はレア。レア・シュロスベルクよ」

この時から一九九五年十一月四日まで二人は終生離れることはなかった。

この二人の最初の出会いがあってすぐ後、第二次世界大戦中に祖母はパルマッハの大隊に加わった。彼女の両親の出自は祖父のそれとは大変異なっていた。彼らは一九三三年にドイツを離れており、テルアビブの知的で裕福な階層に属していた。わずか二十歳の我が娘が熱心な兵隊となって、自分の理想を必死に求める姿を目にしても驚くことはなかった。祖母と同世代の若い女性の多くは出身階層がどうであれ、大へんな困難の中でイスラエル国家の建設のために自分の役割を果たすことに情熱を燃やした。

祖母の所属する大隊の副官はなんとイツハク・ラビンその人であった。しかしながら、二人の間にロマンスが誕生するまでにはもうしばらく時間が必要であった。まず第一に、英国の占領に対する戦いがあった。それから祖父は英国軍に逮捕され、ガザの刑務所で六か月間服役することになった。そして、パレスチナ問題は国際連合で取り扱うことが決まった後、アラブ諸国による侵攻があったりして、さらなる戦いが発生した。とうとう独立戦争期間中の束の間の休戦状態の中で、一九四八年八月二十三日にイツハク・ラビンとレア・シュロスベルクはテルアビブで結婚した。

二人の結婚式の模様は家族の間でいつも面白おかしく語られている。祖母と祖父は二人とも神経質になっていた。しかし、それは彼らの結婚の誓いとはまったく異なる理由からであった。自分の結婚式に靴下にサンダルばきという格好で臨まなければならないことで、趣味のよい祖母としては気分はよくなかった。一方、祖父の方は立会人のラビが式場へやって来るのが遅れてイライラしていた。時間にルーズであることほど、彼を平静でいられなくするものはなかった。彼は時間に遅れることが大嫌いであったので、他人が時間に遅れて来るのが気に入らなかった。自分の結婚式の日に随分と待たされたものだから、彼は次のように誓いを述べた。

祖父と祖母、1948年に結婚

「結婚するのはこれを最後にします」

そして、その誓いは真実であった。祖父も祖母も互いに約束を守った。彼らはいつも一緒にいたし、今なおそれは続いている。祖母は日頃より祖父と共に、そして彼のために生きてきたと言った。彼が亡くなった今、祖母は彼の思い出と共に、そして彼の思い出の中に生き続けるのである。祖父は自分の子供時代にそんなお母さんが家にいなかったので、自分の妻に対しては、子供達のために手を空けて、いつも家にいてあげられるお母さんでいて欲しいと願っていた。余りに忙し過ぎて子供達の父親に相応しい役割が果たせないではないかと祖父を非難する人々に対して、彼はいつもこう答えていた。

「私の子供達にはね、ちゃんと母親がいるよ」

そんなことを言っていたので、フェミニストの間で祖父が称賛されることは決してなかった。しかし重要なことは、二人の間には真のパートナーシップが存在したということにあるのだ。

祖父の歩んできた経歴はどこを取っても祖母の経歴でもあった。そこには彼のとか、彼女のとかいう区別はなかった。すべてが彼ら二人の経歴であった。一九八七年に出版した祖母の著書の題名をそう名付けているように、彼女は「専業主婦」であったかもしれない。しかし、彼女は夫の政治活動における盟友であり、極めて近しい助言者でもあった。彼女には自分独自の活動があった。それらの中には、例えば慈善活動やロシア語講座などが含まれていた。夫の死後、彼女の不屈の精神がくじけるのではないかという懸念は払拭された。彼女は平和の追求という夫のライフワークを遂行する必要性について感動的にかつ威厳をもって語るだけでなく、多くの人々が驚くほどの回復力を示した。

そうした祖父母の精神力の強さを私はいつもすごいと思った。だが、彼らのそのような強さは常に心の温かさ、相互の支援、そして冗談めかしたからかいといったものを伴っていた。彼らはいつも土曜日の午前中にやっているテニスの試合が終わると、ヘルツエリアの私たちの家によく立ち寄った。祖父がテニスの試合に負けたかどうかはいつも私には分かった。それは、その時に祖母がこんなことを言って、祖父のことをよくからかっていたからだ。

「今日の彼の試合ぶりでは誰かさんがハッピーじゃないわね」

二人はダブルスの試合でペアは組まない習慣であった。それで祖父はいつも決まって同じことを答えていた。

「そうなんだ。私のパートナーが私をくたばらせるものだから」

そこには、たとえこれまでにあったとしても、私が滅多に見たこともない互いを引きつけ合

テニス好きの祖父

う何かがあった。それははっきりしたものであったので、家族の一員でなくてもそのことに気が付いた。人混みの中で祖母の姿が見えなくなると、「レアはどこにいる?」と尋ねるラビン首相の声を、側近の人たちは幾度となく耳にしてきた。「レアはどこにいる?」という言葉は彼女が見つかるまでいつも部屋中にこだましていた。その言葉は親愛の情のこもった呼び掛けであり、それに馴染《なじ》んできた人達の顔には「おおっ、出ましたよ」といった風な微笑が浮かんだ。

初めて祖父母の自宅アパートを訪ねてきた私の友人達は、この家に漂う友好的で親しみのある雰囲気を意外に思ったようだ。このアパート内の質素なたたずまいは他の多くの家とは少しばかり趣を異にしていた。額に入った祖父の写真、ノーベル賞の証書、正面玄関に立つ身辺の警護隊員などがなければ、一国の首相のようなよく知られた人物がこんなところに住んでいるとはとても信じ難いのではないだろうか。

意味のないことや重要でないことを取材陣から質問されて、素早く手で振り払う素振りを見せる祖父のようにやってみる。しかし、私がどんなに懸命にやってみてもそれはできない。代わりに他人のふとした評言が耳に入ったり、些細なことが起こったり、教師から批判的なコメントをもらったり、さらに友達から変な目つきで見られることさえあって、私は困惑することがある。私が彼らの影響を受けていると、そんな目で彼らが私を見るのは容認しないが、私自身は苦しんでいる。私は自室に何時間も閉じこもって自分の気持ちを鎮めようとすることがある。

一九九二年祖父がイスラエル首相に就任した後、彼に浴びせられたありとあらゆる激しい批判を身近で見聞きしたことによって、私は自分自身の過敏な気質を克服することができたのだと思う。私はそのような自分の性格をコントロールするすべを見いださなければならなかった。なぜなら、そのとき私は祖父を代理したり、護ったりしなければならないと感じたからである。フェアでない新聞記事、国会での祖父に対する攻撃、祖父のことを知らない人々からの批判などに対して、私は激しい怒りをあらわにすることは控えることにした。このことによって、私は防御のメカニズムを作り上げたり、外部からの攻撃に対して自分の内面にある感情に封印したりせざるを得なくなった。また同時に、自分に向けられた批判やおべっかへの適切な対処の仕方を学ぶことができた。

そのことも祖父の死後、私が表向きはいかにも気丈であるふりをするのに役立ったと思っている。彼の死後三十日の服喪期間が終わるときに、私は何とかして気を取り直そうとした。軍務に復帰しなければならなかったし、また友人達と会ったり外出する用事もあったからだ。それらは自分には気乗りのしないことであった。しかし、気を紛らすために何か日常的なことをやることで、私の心の痛みや混乱は緩和された。

祖父が暗殺された結果、私は確かに以前よりも年を取った気がする。恐らく私は外見上はまだ以前の私自身と同じように見えていよう。しかし、私の心の奥底には深い悲しみがある。一人で車を運転しているとき、私はしばしば祖父に語りかけ、そして泣く。しかし、たとえ泣いていても、祖父にただ語りかけることで私自身が元気づけられる気がするのである。

祖父が銃で撃たれたあの瞬間を決して停止したままにさせてはくれないのが人生なのだと思うと、私は今もなお辛い。人生はどんどん過ぎていく。人々は日々最愛の人を失っていく。ある意味で死は私たちの人生の一部でもある。こうしたすべてのことを私は頭の中では分かっているつもりである。でも、私にはそれを受け入れることができないのだ。祖父のことを過去形で語るのは私にとって難しいことだ。時の経過とともに色あせて単なる記憶の一片となる祖父を考えるのは辛い。私にとって、祖父の存在は依然として現実的で生々しい。祖父がいなくても成長していく私をどこかで祖父が見守ってくれているのを私は知っている。彼には私のことを誇りに思ってほしい。私は自分が気丈なことを彼に示したい。私は祖父がそこにいてほしい。それが「自分は祖父なしでどうやって生きていけるのだろうか」と自問するのを止めることができない理由である。

3章　戦争とともに成長

イスラエルの子供達は、これまで常に戦争の陰で大きくなってきた。私達のこのちっぽけな国土には、イスラエル国民の生存を確実にするために生命をかけた兵士達の流した血が染みついているのだと、まだ小さい頃より私達はそう教えられている。また、私達は周囲を敵国に囲まれているとも学んでいる。だから私達の軍隊は最良のものでなければならないのだ。それにしても、私の世代はまったく運が良かった。一九四八年の時や一九七三年の時のような、まさにこの国が生死の瀬戸際にある戦争に直面する必要はなかった。私達は拡大した国境線や首都として東地区と西地区を併合したエルサレムを含んだ国土で育った。私達はシオニズム運動を当然のこととさえ考えている。しかし、戦争というものも知っている。

私の記憶にある最初の紛争は、一九八二年のレバノン戦争であった。その戦いが始まったとき、私はわずか五歳であった。だが、幼い私には何が起こっているのか理解できなかった。当時、北部イスラエルの諸都市やキブツの村々をロケット砲で攻撃を続けていたパレスチナ解放機構（PLO）を無力にするために、イスラエル軍は国境を越えて南部レバノンに入っていた。しかし、イスラエル軍によるサブラ・シャティラのPLOキャンプへの攻撃は大虐殺となってしまった（注・実際には、反パレスチナの民兵組織「レバノン軍団」が行動した）。そしてレバノンでの軍事行動は、イスラエル政府にとって政治的に大誤算となった。多くのイスラエル人はそこのキャンプで起こった事態にぞっとする思いをしたのであった。

私は戦争について幼稚園の先生方から話を聞いたり、テレビのニュース速報で兵士が戦っている様子を見たりしたことを思い出す。イスラエル北部の国境線を越えて行なわれた我がイスラエル軍部隊の動きについて、目撃者の話を祖父の妹ラヘルが電話で私達に知らせてくれた。私が初めて参加した平和集会は、サブラおよびシャティラの大虐殺に抗議するために組織されたものであったと記憶している。テルアビブの「イスラエル王達の広場」(現在は「ラビン広場」と呼ばれる）で行なわれたこの抗議運動は参加者が推定三十万人と見積もられたことから、「三十万人の平和集会」として知られるようになった。五歳の子供が政治的な抗議行動に連れられていくのは、イスラエルでは何も特別なことではない。私達はこのような状況の下で大きくなったのである。

もちろん、どこの子供達も自分が本当に死ぬなんて思ってもいない。だから彼らにとって戦争は単なるゲームにすぎないのである。学校の校庭では生徒同士でお互いに「警戒せよ。さもないとボクのオトウチャンが軍隊から銃を持ってきて……」などと言って、しばしば相手を脅《おど》かしていた。私達が戦いを再現するときは、もちろん、いつも私達が善人で、アラブ人は悪人となった。

小学校ではアラブ世界のこと――彼らの国情、精神構造、信仰、言語、生活様式など――について生徒によく理解させるための授業があった。先生方にとっては、こうしたトピックスを客観的に取り扱うのは難しいことであったに違いない。なぜなら、アラブ人は良きにつけ悪しきにつけ、イスラエル人の間に――それは子供達にさえ――大へん感情的な反応を引き起こすからである。私は五年間もアラビア語を習ったのに、実践する相手がいなかったので、アラビア語を実際に使うことができなかった。そのため今ではほとんど忘れてしまっている。

私達が知っておくべき最も重要なアラブの国々は隣国のエジプト、ヨルダン、シリアおよびレバノンである。私達はユダヤ系イスラエル人とアラブ系イスラエル人の違いについても学んだ。そしてアラブの女性にはイスラエルの女性が普通に有しているのと同様の権利は与えられていないという話を聞いた。アラブ世界では、日常生活における女性の役割は男性のそれとは大へん異なるものがある。私達が型どおりの一般論を教わることになったのは必然的なことであった。

しかし、私の通った学校には極めて特殊なプログラムが一つあった。それは相互の交流のためにイスラエル国内にあるアラブ人の村イクサルに子供達をバスに乗せて連れていくというものので、その村でイスラエルの子供達はアラブの子供達と顔合わせをして一緒に遊びながらその日を過ごした。そして、今度はアラブの子供達が私達の学校や家庭を訪ねてくるのであった。私の兄ヨナタンは既にこのイクサル村を訪ねており、今度はアラブの子供達が私達を訪ねてくる番になった時のことを私は憶えている。ヨナタンはアラブ人学生の一人を昼食に招いた。当時、そのような交流行事は学校生活では日常的に行なわれているものとして見なされていた。それで、アラブ人の若者が我が家を訪ねてくることに私はびっくりすることはなかった。

それから、一九八七年の十二月にインティファーダ（注・パレスチナ人の蜂起）が起こり、アラブ人の村を私が訪問する小旅行は取り消しとなった。私と同じ年頃のアラブ人の女の子とよく知り合うようになる代わりに、私はテレビ画面でパレスチナ人の若者達がイスラエル兵士に向かって侮辱したり、投石したりする姿を目にした。このような烈《はげ》しい暴力的な映像を見た後に、アラブ人の女の子に会いたかったなどとはとても私には言えない。当時、十歳であった私にこのような人々に対するしっかりした見解を持つことは難しかった。また、彼らが何を望んでいるのか見当もつかなかった。

私にとって二つ目の「戦争」であったインティファーダは、実際にはイスラエルの占領地に住む若いパレスチナ人によって引き起こされた、戦争よりも小さな反乱であった。しかし、そのインティファーダは、イスラエルはもとより、世界の人々が抱くイスラエルのイメージに途方もない影響を与えた。イスラエル国民はこれまで長年にわたって、アラブ人は戦争を望んでいるとか、イスラエル国民を地中海に追い払いたいとか、イスラエル国民の存在する権利を認めるのを拒否している等の固定観念とともに育ってきた。そして私達の方はいつも平和を望んでいる人々なのであった。それが今や突如として、私達は他の民族の正当な権利を踏みにじる抑圧者として、世界中のメディアで扱われるようになっていた。

当時、祖父はイツハク・シャミールの率いる連立内閣の国防相を務めていた。大臣の任にあった祖父達は彼らの十歳の孫たちに対して、自分達が閣議で行なっている内容を話したりすることはなかった。同様に彼らの十歳の孫娘たちも政治問題を分析しようとすることはなかったし、特にそれがイスラエル政府の閣僚による話の場合、その子供たちは大人がする話を信頼することが期待されていたのである。しかし、私にはまだ幾つか質問したいことがあった。そして祖父は私の質問に答えるためにはどんなことでもした。そして反乱がさらに拡大しないよう厳しい対応をすることがイスラエル側には必要であることを辛抱強く説明してくれた。

たとえ、それが実際には我が家から車で三十分ぐらいの所で闘われていたとしても、「戦争」は専らテレビ画面の中の出来事であった。大きな問題点は、世界中のテレビ放送局が事の半面しか伝えないことであった。私達はイスラエルの兵士達がパレスチナ人の若者達を銃で撃ったり、小突いたりしている場面を毎晩見せられているような感じがした。だが、イスラエル兵士に対して恒常的に行なわれている挑発、侮辱、待ち伏せ攻撃、糞尿入りのバケツを投げつけたりする行為を決してテレビ画面で見ることはなかった。

重装備をした我がイスラエル兵士達は、自由を求めて戦っているパレスチナの子供達を虐殺する屠殺者としてテレビでは描かれていた。それはまさにパレスチナ人にとって途方もなく大きな宣伝の勝利となった。パレスチナ人の将来のためにインティファーダがそのお膳立てをしたのは、そういう理由なのである。世界の多くの人々は、長年にわたってイスラエルの一般市民に対して行なわれてきたパレスチナ人によるテロ攻撃を忘れてしまった。そして「無実の犠牲者」を小突きまわすイスラエル兵士のみを見たのであった。そして、パレスチナ人の国家が認知されることが決定的になったことを、ＰＬＯは示したのである。

イスラエルの主要な二つの政党である労働党とリクード党は、連立政権のパートナーであった。しかし、対応の仕方において亀裂《きれつ》は深く、互いに合意することができなかった。労働党はＰＬＯとの直接交渉につながる国際的な和平会議の開催を望んでいた。一方、リクード党の方はＰＬＯという「テロリスト」とのいかなる取り引きも拒否した。その結果として、和平の最前線には何ごとも起きる兆《きざ》しはなかった。

私の女友達であるシャロンがテロから間一髪で難を免れたときに、私はテロリズムという言葉の意味を痛切に感じさせられたのであった。突如としてテロリズムはもう他人ごとではなくなっていたのである。テロは今やその姿を現していた。

シャロンはテケス・シュム・ティロヌートと呼ばれる式典に出席するためにエルサレムの「嘆きの壁」のところにいた。この式典は彼女の兄が軍隊の基礎教練を終了したことを示す行事であった。その行事が終わって人だかりが徐々に散り始めたとき、シャロンとその父は近くに駐車してあった車へ乗り込んだ。彼らはそこでシャロンの母親と落ち合うために待っていた。彼女の父は自分達のいる場所を妻がたやすく見つけられるように、車を少し後方に移動させた。その何秒後かに、その直前まで止めてあった場所で手榴弾が爆発した。シャロンの父親はバックミラーに写ったテロリスト・グループの一人の姿を目撃した。そして、後にその男の身元が割れて、男は逮捕された。シャロンの方はそれから何か月にもわたって精神的にショックを受けた状態にあった。

そのようなテロリストによる私の身近な者への攻撃によって、私の状況判断にも変化が生じた。恒常的に行なわれるテロリストによる攻撃や継続しているインティファーダによって、私達の生活様式がなんとも空しく感じるようになった。イスラエルという国家の生き残りが危うくなっているのが、私には分かった。しかし、私はもっと他の方法があるはずだ、とずっと考えていた。そのことを考えれば考えるほど、私には和平こそが唯一の解決策であるように感じられたのである。和平は不可能に思われた。だが、それは攻撃と報復の果てしない悪循環から逃れることのできる唯一の道であった。

一九九〇年八月二日に、サダム・フセインはイラク軍によるクウェート侵攻を命じた。これは私にとって三つ目の「戦争」であった。サダム・フセインが正当な理由もなく自分の行なったクウェートへの侵略行為を正当化した際に、彼はそれをイスラエルに対する新たなジハード（サダム・フセインが言う「聖戦」）と呼んだ。そして、アラブ世界の支援を取り付けようとの思惑から、彼はイスラエルによるパレスチナ人の抑圧にクウェート侵攻を結びつけようとした。

それは私達にとって、お笑い以外の何物でもない馬鹿げた論理であった。しかし、馬鹿げたことであると否とにかかわらず、私達はまさかのために常に準備しておかなければならないことは知っていた。イスラエル政府はガスマスクを配布し、その使用方法やガス攻撃を受けた場合の対処の仕方についてテレビでスポット放送を流し始めた。政府はまた、空襲警報のサイレンの音に住民を慣れさせようとした。学校では先生方が私達生徒に対して、はるか彼方で起きている戦争が突然、私達の家の玄関先までやってくるかもしれないからと警戒を呼び掛けた。最大の恐れはサダム・フセインが特に毒ガスを搭載したミサイルのような特殊兵器を使用するかもしれないことであった。化学戦争に対する最善の防御策は、各部屋を密封するというのが私達の間ではコンセンサスとなっていた。

当時、私は十四歳で中学校の最終学年であった。私は学校生活、友人達との交流、そしてパーティなどを楽しみながら、何不自由ない生活を送っていた。私の家庭環境は幸福で安定していた。正直なところ当時の私は、イラクの脅威《きょうい》に対してはそれほど心配していなかった。イスラエルに生まれ育つことの一部には、とりも直さず小さいうちから潜在的な危険というものに気付くようになることを意味している。学校では一年に二、三回、地下の爆弾シェルターまで降りて行く避難訓練を行なっていた。その他、公共の場所で爆弾に変わり得るような不審物に注意するように教えられもした。

私が思うに、イスラエルの人々が戦争や暴力に対して運命主義、現実主義、勇気、皮肉などが混ざり合った気持ちで反応するのはごく普通に見られる傾向である。恐らく人々は以前にそれらを目の当たりにしているからであろう。サダム・フセインに対する国連による最後通牒《つうちょう》の期限がちょうど切れようとする一九九一年一月十四日の夜、「世界の終焉《しゅうえん》」と呼ばれるパーティに出席する人々さえいたのである。

もし祖父が私達に向かって、サダム・フセインに対して核戦争の準備をすべきであると言ったとすれば、あの差し迫った戦争に対する私の姿勢はきっと違ったものになっていたと思う。しかし、祖父はそんなことは言わなかった。当時、彼は政府の閣内には入っていなかったけれども、外国や軍事に関する豊富な知識や情報は持ち合わせていた。そして、彼はイラクが決して特殊兵器でイスラエルを攻撃してくることはないと確信した。

だが、イラクからクウェートを解放するために国連を中心として組織された多国籍軍にイスラエルが参加しなくても、何らかの攻撃をしかけてくると予測するに足る十分な理由が私達の側にはあった。サダム・フセインはイスラエルが最初のターゲットになると繰り返し警告していた。そして、イスラエル国内では、この国の経済の中心であるテルアビブ市がまず標的として選ばれるものと考えられていた。もしミサイルが発射されるならば、それらは国防省をはじめ市政府の建物などが狙われるだろう。そして、エルサレムや国境線沿いに住む人々の方が安全だろうと考えられた。

一月十七日に最初のイラクのスカッドミサイルがイスラエルの二つの都市に落ちた。二発がテルアビブに、一発がハイファに打ち込まれ、計十二名が負傷した。その翌日、ＣＮＮ放送は米国のパトリオット迎撃ミサイルが既に我がイスラエル領内に配備されていることを伝えた。しかし、それらスカッドミサイルのうちの一発が防衛体制網をすり抜けて着弾し、テルアビブでは死者三人と百人を越える負傷者を出した。その後、スカッドミサイルが再びテルアビブとハイファを襲ったのであった。

今や戦争は現実のものとなった。学校は休校となり、人々は大量の食料を備蓄し始めた。誰もが夕方の六時までには帰宅していた。それ以降の外出は危険であると考えられていたからだ。

まず私達が大変恐れているものは毒ガスであり、通常のミサイルではなかった。それで私達が敵の攻撃を受けた場合に、各家庭では建物内の一番高い所にある部屋へ移動するように言われていた。何故ならば、毒ガスは地面に近いところに滞留するからである。化学兵器による戦いは卑怯《ひきょう》なやり方である。しかし、サダム・フセインはそれを平気でやりかねない男であった。彼は既にイランとの戦争でそのことを実証済みであった。そして、ユダヤ人にとって毒ガスは特別に恐ろしい記憶を呼び起こすものであった。

最初の警報サイレンが鳴り渡ったとき、私はヘルツェリアの自宅で熟睡していた。母は私を起こしてくれた。そして、取り扱い説明書に従って、私達は醜い大きなガスマスクを顔面に着けた。すでに学校でそれらの使用方法を教わっていた。その夜、私達はすぐに両親の寝室に入ると、そこに座ってラジオを聴いたりテレビ画面を注視したりしていた。私達はお互いに話すことはあまりしなかった。なぜなら、ガスマスクを装着したままでは相手の言うことがよく理解できなかったからである。それはちょっとガラスの水槽の中に入っているようであった。空襲警報が解除されるまでに私達は四時間も待たなければならなかった。それはとても長く、神経が参るような四時間であった。

しかし、祖父は自分用のガスマスクをわざわざ装着することはなかった。彼は以前にテレビに出演し、イラクはイスラエルに対して毒ガスを使用することはないだろうという見解さえ述べていた。前国防大臣の意見には重みがあった。間もなく私達は――だいたいどの人も同じように――ミサイルの着弾で損傷しやすい上階の部屋で気を張りつめているのをやめた。その代わり、サイレンが鳴るといつも私達は地下シェルターを目指した。愛犬ジョージはその騒音に怯《おび》えて、いつも地下シェルターの戸口のところへ真っ先にやって来た。

家では空襲警報に対応して自分達の日課となっていることを私達はどんどん進めていった。もはや化学戦の恐怖を感じることがなくなっても、祖父とは違って私達は、依然としてガスマスクを着けシェルターに封印をしたまま時を過ごした。最後にはこのような予防措置も不要であることが分かった。しかし、そんなことをすることで私達は気持ちを楽にしていたのである。ヨナタンの役割は、水で薄めたソーダの炭素化合物にタオルを浸し、それから戸口の最下部の床にそれらのタオルを敷き詰めることであった。ソーダの化合物は部屋のすき間から入ってくるガスを中和する働きがあると私達は教えられていた。いったん全員がシェルターの中に入ると、入口の扉はナイロンの粘着テープで封印された。私の役割は家の中の温度を下げることであった。

私達の地下シェルターまでは居間から直接下り階段でつながっていたが、それは本当に大きな部屋であった。そこにはテレビ、ラジオ、電話、ソファー、ベッド等が備え付けられていた。私達は警戒態勢がすべて解除されるまでそこに留まり、それから階上にある寝室に戻っていくのであった。

奇妙に思えるかもしれないが、私には戦争の中で楽しんでいたという一面もあったのである。私達は家の中で家族とともに食事をしたり、モノポリーやバックギャモンをしたりして、多くの時間を過ごした。しかし、夜は本当に長かった。攻撃される恐れが出てきたとき、眠っている家族を起こして回るのは自分の役であると感じていたアヴィにとって、特に長かったに違いない。しばらくすると、アヴィのように眠ることができない多くの人々のために「無言の」ラジオ局が紹介された。人々はラジオの音量をいっぱいに上げることができた。そしてラジオは無声のままに保たれ、空襲警報のサイレンの音を放送する時にだけ息を吹き返した。危険が去った後に再びラジオ局は静かになり、人々を束の間の眠りへと誘った。

一九九一年一月にこの戦争が始まったとき、テルアビブの住民の多くはアカバ湾の北端に位置した海浜リゾート地として知られるエイラットに避難した。エイラットは六日戦争の際、戦禍に巻き込まれた所である。しかし、イスラエルの人々にとってエイラットの町は太陽や楽しさや休暇などと同義語になっていた。そして、今や紅海のほど遠くない地点に米国の航空母艦が何隻か配備されていたけれども、エイラットは依然としてテルアビブよりも安全であった。

私の両親はテルアビブから退避することは思ってもみなかった。私の祖父母も同様であった。たとえ建物の最上階にある彼らのアパートが他の大多数の人々よりも敵からの攻撃で損傷を受けやすくても、テルアビブから出ていくことなど考えられないことだった。母は自分の子供達のことよりも、祖父母の方がもっと心配だったように思う。私達は市の中心部とそこの中核的建物群からだいぶ離れた所にある家に住んでいた。

ある晩、私の母は祖父母に対して、ヘルツエリアの私達の家に泊まりに来るように熱心に勧めた。しかし、それはこれまでの浮きうきさせるような楽しい招待ではなかった。彼らはあまり気乗りしなかったが、ともかく母の申し出を受け入れた。祖父母を私達の家に迎えることはこの上なく楽しいことだと思った。彼らは大へん自立した人達であり、自宅ではいつも自分達のやりたいことをやっていた。そんな彼らが突然、我が家の客人となった。その夜、警戒警報のサイレンが鳴り響いたとき、私達は大声をあげて祖父母に急いで下に降りてくるように言った。しかし、祖母はさっとシャワーを浴びるのにちょうどよい時間だと考えた。そんなことをやっていたから手間取るのは当然で、地下のシェルターのドアのすき間を封印するのが遅れることになった。そんな祖母のことを本当に困ったものだという表情で見ていた祖父の姿を私は思い出す。

「僕らの家じゃないんだよ。ここでは子供達の言うとおりにしなくちゃ！」

と祖父は言った。

祖父の関心が客人としてどう振る舞えばよいかという点にあった時に、まだ子供の私がミサイルの心配をするなんてことがあるだろうか？

周りの大人達に護られていた私は、この戦争が終結してまだ間もない時期になってやっと両親の気苦労を知ることになった。湾岸戦争中のある朝のことであった。アヴィと母は家の庭にスカッドミサイルの破片が落ちているのを見つけた。それは前日の夜間の空襲の際に飛来したものであったが、彼らはそれをヨナタンや私には見せないようにした上で、当局に引き渡した。それから三か月が経って、彼らはやっとその出来事を私達に話してくれた。私達がそれを見ていたら、きっと震えだしたに違いない。しかし、実際にはそれがどんな物か見ることができなくて残念であった。そして、戦争というものがどれだけ自分の身近な所ににあったかということを私達がじっくり考えることはなかった。

私にとってこの戦争は、ＣＮＮのテレビ放送で見るような物珍しい戦争であった。当時、イスラエルにはテレビ放送局は一つしかなく、しかもそれは政府にコントロールされていた。この戦争が勃発する数週間前のことであったが、アヴィは色々と手を尽くして私達の家に衛星放送用のパラボラアンテナを据え付けた。彼は何が起こりつつあるのか私達家族の者が正確に知ることができるようにしたかったのである。いったんイラク軍の攻撃が始まると、ＣＮＮのテレビ放送は私達の日常生活における舵取り役となった。イスラエルからの報道のすべては軍の検閲を受けていたものの、ＣＮＮ放送からはその地域のどの辺りで何が起こっているのか、もっと幅広い知見が得られた。イラクがサウジアラビア攻撃を開始したことをＣＮＮが報道したとき、その後イスラエルが攻撃を受けるまでに私達には準備を整え、シャワーを浴びて、愛犬ジョージを庭に連れ出したりするのに三十分の時間があることが分かった。私達のそうした計算が狂うことは決してなかった。それはちょうどあの奇妙な戦争の中で起こった多くの気まぐれの一つであった。

これらの戦争に対する私の見方のすべては、戦争の最前線に我が身を置いた経験のないままに形づくられたものである。私はイスラエルが大へん危険な状況にあると思ったことは決してなかったし、私自身の家族が危険にさらされていると感じたこともない。テレビで見ていられるような戦争で私達が殺されようとしているなんて信じられなかった。あれは戦争に違いなかった。しかし、私にとっては最前線というものがない戦争であった。

私達より前の世代の人々は、こうした戦争とは様相の異なる戦争と共に大きくなった。私の戦争は自分自身に影響を与えたが、それは外部の人々が想像するようなものではなかった。祖父が私に教えてくれたことは、恐れをいかに自分の中に取り込み、そして、その恐れに対しどのように現実的に対処するかを知ることが重要であるというものであった。彼の信念はこうであった。恐れによってガチガチになったり、自分の計画した筋道を取りやめたり、自分の信条とか習慣を変えてしまってはいけないのだと。祖父は数々の戦争をくぐり抜けてきた。彼はそれらの戦争に対してどう対処すればよいかを知っていた。しかし、実に皮肉な結果となったが、そんな彼を殺したのが和平であった。

私は祖父がしたように自分も何とかやってみようとした。そして、そのような時間の大半はうまくいった。日中なら笑い飛ばせるような恐れに取りつかれている自分に気付くのは、私が眠っている時だけであった。私はますます死に関する夢を見始めるようになった。「私の」戦争が行なわれている間にこのような悪夢は執拗《しつよう》に現れ、そしていっそう不吉なものになった。私はよく夢の中で自分が母の葬式で立ちすくんでいるのを見た。また別の夢では、ヨナタンの葬式にも私はよく立ち会っていた。そして、それらの夢はある時はアヴィの葬式であったり、祖母の葬式であったりした。さらには自分自身の葬儀を夢に見ることさえあった。

しかし、私が今でもはっきり憶えていることは、このような悪夢の中に祖父が登場することは決してなかったということである。真夜中に私の潜在意識の中で恐れを感じたときでも、私が祖父を埋葬することは決してなかったし、葬式だってなかった。決して死ぬことのなかった唯一の愛しい人こそ、私の祖父であった。

4章　何か異なるものへの希望

私には決して慣れることができず、そして私の人生に深い影響を与えた唯一の戦争は新聞の第一面を飾るニュースでもないし、ＣＮＮが伝える悲嘆にくれるような話でもなかった。それはヨナタンの戦争であった。

一九九二年十二月に彼が軍隊に入ったとき、私は以前と同じ生活が再び巡ってくることはもう決してないことを実感した。ヨナタンはそれまでずっと私のベストフレンドであり、兄貴であり、私の分身でもあった。私達二人が何かをしたとき、たとえ別々に実行したことでも、それは「二人のもの」となった。しかし、彼が兵士となった今、この別離によって二人のこれまでの関係は新たな段階を迎えることを私は知った。

ヨナタンは十八歳で兵士であった。一方、私は二歳半年下で、まだ学生であった。二人の人生の中で初めて年齢差というものが意味を持つようになった。私達はそれぞれ異なる世界に住んでいた。イスラエル国内の安全状況は「正常《ノーマル》」なものであった。しかし、この「正常の状態」

にもかかわらず、ヨナタンはイスラエル占領地域の街の通りやレバノン南部で戦うために、じきに現地へ送られるに違いなかった。イスラエルは法的には戦争状態にはなかったが、市民の日常生活は最も基本的な面でひどいという点で戦争同様の状況にあった。すなわち、人々から通常の市民生活は失われつつあった。

愛しい人の出立を見送ったことのある人なら誰しも、私のこの喪失感を理解していただけるものと思う。ヨナタンはいつもそこに居た。彼は眠っていたずらに時を過ごすのが嫌いであった。彼はよく自分の寝室か、あるいは台所や居間で何時間もくつろいでいることがあった。私には彼が出ていった後の散らかった状態によって、彼が最後にどこにいたのかが分かった。感情的にも、肉体的にも、その両面から私は自宅での彼の存在を強く意識させられたのである。

今ではもう彼の寝室のドアは閉じられたままになっていた。私達の朝食は彼抜きとなった。私が長電話をしていると、大声で茶々を入れる彼の姿はもうそこにはなかった。もはや彼が私の部屋を滅茶苦茶に散らかすことはなかった。かつては私をイライラさせていた彼にまつわるあらゆる事が、今では懐かしさを覚えるようになっていた。それから、まるで家の中ががらっぽになったように思われた。

軍服姿の彼を初めて見たとき、その服装が彼には場違いのように思えて、私は思わず吹き出してしまった。彼が一夜のうちに背丈が伸びてたくましく成長していたとは考えられなかった。彼は相手が自然に心を開いてくれるようなウィットの持ち主である。そして、どこにで

兄のヨナタンと私

も出かけては何でも手に入れてくることができた。この「兵士」の姿を見ていると、私は憎めないいたずら小僧の姿を思い出した。そんなちびっ子の記憶が私の脳裏に浮かんできた。

彼が六歳で私が三歳六か月のときのある出来事が私の記憶によみがえる。そのとき祖父は記憶を口述するためにテープレコーダーを使用していた。ところがある朝のこと、祖父はそのテープレコーダーを見つけることができなかった。そこで祖父は私にこう尋ねた。

「ノア、私の小さなテープレコーダーを見なかったかい？」

ヨナタンが祖父の机の引き出しからそのテープレコーダーを許可なく持ち出すのを見かけたのであるが、私はそのことを一言も祖父には言わなかった。それがヨナタンと私の間の約束ごとになっていた。でも、私は祖父に対して嘘をつくことができなかった。それで私は祖父と目を合わさないようにずっと下を向いたまま黙って絵を描く方に気持ちを集中した。

それから二日後になって、ヨナタンはテープレコーダーを元の引き出しに戻すと、祖父がそれに気付くのを待った。

「なーんだ、こんなところにテープレコーダーがあるじゃないか。目の前にちゃんとあるのに、それが私には見えなかったんだ。わたしゃ馬鹿だね」

と言った祖父は、明らかに驚いていた。

でも私には、祖父は何が起こったのか本当は知っていたのではないかと思えてならない。というのも、彼は二日間もかけて家中をくまなく探していたからである。しかし、〝ちびっ子泥棒〟ヨナタンがテープレコーダーを元の場所に返してから以降、この問題はおしまいになった。

さて、その〝ちびっ子泥棒〟も今や兵士であった。祖父はこの兵士を大へん誇りに思っていた。特に強いられたわけではないのに、ヨナタンは非常にタフでないと務まらない戦闘組織であるパラシュート部隊を志願していた。

イスラエルでは若者が男女とも新兵として軍へ入隊する初日には、いつも中央の召集会場まで家族や友人達が付き添っていく。私達も同様であった。イスラエル軍のパラシュート部隊の降下兵ないし降下衛生兵の一員としての訓練を受ける前に、ヨナタンは四か月間に及ぶ基礎訓練を受けていた。彼は私達の家から遠い所にいた。しかし、彼はしばしば家に電話をかけてきた。一方、私達はコーヒーやシリアル食品の入った小包を彼に宛ててよく送った。

私は、我が家での最新の出来事を知らせたり、ヨナタンが傍らにいないことがどんなに辛いかを伝えたりするため定期的に手紙を書いていた。それは不規則ではあったが、平均しておよそ二週間に一回与えられる週末の帰省休暇まで、あと何日待つとヨナタンが家に帰ってくるのか私はよく数えていた。直前になって帰省の予定がキャンセルになる可能性のあることが分かると、私達は実際に家の正面入口ドアから中に入ってくる彼を見たときに限り、祝うことにした。

まだ私がほんの小さなときから、私達は平和について語り合っていた。そして今、彼は軍隊の最前線にいた。

軍での最初の四か月が過ぎたところでヨナタンはヨルダン川西岸地区に配属され、そこで彼はインティファーダを目の当たりにすることとなった。彼は今やそこで石を投げつけてくる子供達に応戦する「戦争」のまっただ中にいた。日中はそのような子供達を追いかけて過ごし、そして夜は子供達に追いかけられている夢を見る日々を送っているとヨナタンは私達によく語った。彼と同世代のイスラエルの多くの若者達と同様に、ヨナタンもインティファーダによるこの歴史的な孤立の中に身を置いて自分の役割を演じる人となった。彼のそこでの四か月が、私には永遠に続くように思われた。

しかし、彼がヨルダン川西岸地区で直面した危険は、その後に経験することになるものと較べると、とても些細《ささい》なものであった。再びベースキャンプに戻ってから別の訓練を受けた後に、彼はイスラエルとレバノンの間にある脆弱《ぜいじゃく》な「緩衝《かんしょう》地帯」に送られた。そこは何が起こってもおかしくない所であった。私はその前線で起こっていることは何でも知りたいと思って、新聞を毎日くまなく探していたものだ。しかし、そうして得たさまざまな情報にもかかわらず、私は依然として自分自身の無力を感じざるを得なかった。

彼がすでに殺されているのではないかという悪夢に私は襲われるようになった。母もよく眠れない夜を過ごすようになった。家に残された私達家族のできるすべてのことは、互いに自分の夢を語り合うことであった。私は神経質になりイライラがつのったけれども、そうすることによって私達の心の絆はこれまでよりも緊密になった。時にはそうした憂鬱な気持ちを振り払うために、私はよく友人達を訪ねたりした。私には明るく笑ったり、心の中にある不吉な考えを一掃する必要があった。しかし、そのような悪夢が再び毎晩のように私を苦しめるようになった。私がヨナタンの葬儀に出ている夢を見続けている一方で、母の方もヨナタンが負傷した夢、走っていたり地面に倒れたりしている夢、彼に助けが必要になっている夢など、よく夢を見るようになった。

軍隊生活での不快なことを経験しながらも、兄はなんとか元気をなくすまいとして頑張った。ある週末の日に家に戻ってきた兄が言っていたことを私はよく憶えている。

「レバノンは美しい所だよ……ちょうどスイスのようだよ。ただし、スイスに戦争がないという点を除くとね」

レバノン南部では戦争は決して遠い彼方の出来事ではなかった。ある金曜日のことであった。ヨナタンの学校時代からの友人の一人がロケット砲の攻撃によって頭部に被弾して亡くなったことを知った。私達は全校生徒で日曜日に行なわれた彼の葬儀に出席した。私が兵士の棺の傍らに立ったのはこれが初めての経験であった。この亡くなった兵士はヨナタンと同年代で、ちょっと前までは私のように学生であったが、今はこうして死を迎えてしまったのだ。

メモリアルデーは年に一回、戦争で命を落としたイスラエル兵士達に捧げる日である。これは先立たれた遺族のためというよりも、イスラエル全国民の記憶に留めるためのものである。なぜなら、亡くなった兵士の身内の方々にとっては、身内を戦争で失ったことを思い出させる特別な日など必要としていないからだ。私はいま初めて最愛の者に先立たれる悲しみがどんなに辛いものになるかが分かった。

私は戦いとは何なのかということを、これまでよりももっとよく理解しようと努めた。それによって、私は祖父のしてくれる話を注意して聞くことができるようになった。祖父は戦争と平和についてありとあらゆることを考えていた。そして彼が語るとき、そのことが彼の頭の中を占めているのが私には理解できた。一人の兵士が殺されたとき、祖父はその死を事務的に聞き流すのではなく個人レベルで考えた。彼は憤り、そして黙りこくってしまうことがよくあった。それから彼はいつ、どこで、何が起こったかを正確に把握した。一人の兵士の死は、その死の要因として何らかの落ち度があったことを意味していた。各々の戦死はその要因を明確にする必要があったのだ。

しかし、今や彼の孫が兵士となっていた。祖父は物事を新たな視点から見始めていたのだと私は思う。それはあたかも彼自身が再び兵士になったかのようであった。祖父は、ヨナタンが軍服姿で初めて自分の前に現れたとき、文字どおり誇りで頬を紅潮させた。それから祖父は、自分の手をヨナタンの肩に置くと、何とも不思議な微笑を浮かべて、さっそうとした孫の姿を前にうなずいた。

しかし、祖父がヨナタンに対して見せた称賛の表情は、一抹《いちまつ》の不安をのぞかせていた。祖父の前にはラビン家の第四世代が〝イスラエルがこの世に存在する〟という正当な権利を守るために武器を携えて立っていた。曾祖父、祖父自身、その息子、そして今度は孫息子……四人の男はみな戦うために戦地へ送られた。祖父にとっての義理の息子、つまり私の実父も軍務についていた間に重傷を負った。イスラエルが安全を得るまでに一体これから先、さらに何世代にわたって兵士を送り出す必要があるというのだろうか？

和平を求める祖父の気持ちは、ヨナタンが直面する様々な危険によって引き起こされたとは言うことはできない。なぜならば、祖父は常に平和を望んでいたことを私は確信しているからである。でも、それによって祖父の決意は確かに強固になった。そして、恐らくはもっと重要な状況の変化が生まれたのである。一九九二年六月の初めに、祖父は再びイスラエルの首相に就任した。そして、もし和平の実現に向けてチャンスがあるならば、彼はきっとその機会を見逃すことはないだろうと私は確信した。

祖父は、ヨナタンの生命の危険を恐れたりはしなかったが、その表情は明らかにヨナタンの身を案じていた。ある晩のこと、祖父がイスラエル駐在のエジプト大使邸での晩餐会に行こうとしていたとき、ヨナタンから至急相談したいことがあるという電話が祖父にかかってきた。そして、祖父はたとえ時間を厳守することが気になったり、また、遅れて駆けつけることになったとしても、彼は何とか時間の都合をつけた。祖父はヨナタンに答えた。

「ああ、いいよ。時間は十分ならあけられるよ」

祖父はエジプトの大使邸に向かう途中で私達の家に立ち寄ると、ヨナタンと共に居間の椅子に座った。二人はヨナタンの頭の中に描いていた軍事に関する戦略、地図、その他あらゆる問題について三十分ほど語り合った。祖父が約束の時間に遅れたこの時は、稀なケースの一つであった。祖父には別の優先順位というものがあったのである。

以前より私が望んでいたことであったが、祖父の和平への思いは彼が再び首相として執務室へ戻ってきた時から高まり始めた。それより九か月前にマドリードで開催された中東和平会議で、従来からの敵国であるアラブ諸国とイスラエルが同席したとき、そこには先行きに対する楽観的な空気が漂っていた。しかし、それから話し合いは泥沼にはまり込んだ。その時、祖父は和平会談の行き詰まりを打開するために、イスラエル政府の善意を示す用意ができていた。彼は占領地へのイスラエル人による新規入植の「凍結」を確約した。そして、彼はキャンプデーヴィッド合意によって意図されているように「パレスチナの自治」という表現を使い始めた。そしてまた、彼はパレスチナ解放機構（ＰＬＯ）とヨルダンに対して友情の手を差しのべ、さらにシリアとの間の紛争を終結させるための提案を行なった。

ＰＬＯとの秘密裏の和平交渉が始まると、祖父は変化するように思われた。彼はより一層内省的で物思いに沈み、そして以前にも増して多忙になった。なぜなのか、今になってみると私には理解できる。彼は自分自身のアラブ人に対する抜きがたい不信と和平への渇望との間の架け橋を見いだすために、もがき苦しんでいたのであった。私がほんの些細な問題ですら自室に閉じこもってしまうことを考えるとき、イスラエルにとって何が最善であるかを祖父が決断するまでにどれほど自問し苦悩していたか、私には想像することができるのである。

当然ながら、祖父が家庭において、政治の舞台裏で繰り広げられている交渉事の全貌を私達に話して聞かせることはなかった。しかし、私達は彼の考え方や断片的な情報について薄々ながら感じ取った。彼はまた、何か情報を得るために私達と演習することもよくあった。私を含めてイスラエルの若者たちが考えていることや彼らが学校やカフェや街の通りで議論している考えとか不安などを知りたがっていた。結局、彼が準備していたことは私達の将来であった。私達がそれまでよく耳にしてきた「これからの世代のためのイスラエルを建設すること」に関する祖父のすべてのスピーチが、突如として私には現実的な意味を持ち始めた。

私達の家庭では世代間のギャップは、時としてはっきりと出ることもあった。私と同世代の人々は、私達の両親や祖父母の世代とは大へん状況の異なるイスラエルで育ってきた。私達には彼らよりもっと多くの自由や自立といったものがあるし、私達の気晴らしになるラップ音楽、ファッショナブルな衣類、そしてファーストフード店のマクドナルドもある。私達は、小さい頃からグループで街の通りを歩き回ったり、真夜中をだいぶ過ぎていてもずっと外出していたり、何でも語り合い、そして自分達自身で大いに楽しんだ。私達は平和な国に住みたいと願った。そして、そのことがイスラエルの占領する土地の一部を返還することを意味するのなら、なぜそうはならないのだろうか？

私はそのような政治状況について、すでに自分自身の見方を持ち始めていた。そして、それらの位置付けは、祖父の考えよりも「左寄り」にあるとみなされた。今日、イスラエルの政界において左派であるとか右派とかを決めるのは、特に和平プロセスに対するそれぞれの姿勢によって示されている。イスラエルは近隣諸国との平和的な関係の構築に思い切って取り組むべきであるというのが私の考えであった。もとより私は、レバノンでの戦いはおぼろげながら思い出すことができるだけであるし、またインティファーダや湾岸戦争では単なる傍観者にすぎなかったけれども、国土とその安全の関係については随分と考えさせられた。特に「他国の」土地を占領していることが自動的に自国の安全保障につながるものではないように、私には思われた。ケースによっては、土地が戦略的な意味を持つことに私は同意する。だが、そうはならない場合もあるのだ。

私には、ヨナタンが軍務に就いたことや自分自身の中にあるごく自然な若者らしい楽観主義によって増幅された、平和への抗しがたい欲求がある。しかし、私が奇跡のような療法を求めていたとき、祖父は決して私を軽くあしらうようなことはしなかった。祖父はまず私の話を最後まで聞いて、それから私の理想主義を、したたかな現実主義でやんわりと調整するのが常であった。

祖父の世代は、確かに物事を別の角度から見た。あの世代の人々はイスラエルを建国し、エルサレムを統合するために戦い、死んでいったのである。祖父は個人的にも多くの戦争を最前線で戦ってきた。彼は私などよりもはるかに敵のことを知っており、またそれ故に彼は一層用心深かった。

彼はイスラエル自身が強力であることが極めて重要であると認識していた。また、通常の条件の下では、和平を実現することはできないことが分かっていた。しかし、和平の話し合いが行き詰まりを見せたとき、彼はこんなことを言うこともできたのである。

「事態はちっとも好転しないなあ。オーケー、それならこちらの対応を変えて、何か別のことをやってみようか。我々は過去二千年にわたって、この地で平和に暮らすことをずっと夢見てきたんだよ。だから和平を追求してみようよ」

彼には別の行動だって選択できたはずである。和平交渉が行き詰まっていたとき、彼はソファーにもたれて、よし、我々は常に戦いに勝利してきたし、パレスチナ人達をいつでもコテンパンにやっつけることができる。孤立を恐れてはいない。我々は戦い方を知っているし、どうすれば勝てるかも分かっている、と考えることだってできたはずだ。

だが、和平は実現可能だと信じる勇気と想像力が祖父にはあった。祖父やその同世代の人々にとっては、これまでに学び、そして知り得たあらゆることを徹底的に再考する必要があったのだ。祖父は頭を切り換えた。私は彼がそのようにしたことを格別誇りに思うのである。

しかし、和平への動きはイスラエルに亀裂を生んだ。極右および宗教諸政党が和平に強く反対した。

ゴラン高原が特に難しいディレンマとなった。ゴラン高原は、一九六七年までイスラエル人の村やキブツ（注・集団農場を営む共同体）を狙って発射されるシリアによるロケット攻撃の拠点として機能していた。あの六日戦争（第三次中東戦争）が勃発したとき、イスラエル軍は素早くゴラン高原を制圧し、ゴラン高原の下方の村の安全を確保したのであった。しかし、一九七三年十月のヨム・キプール戦争（第四次中東戦争）でエジプトがイスラエル南部のシナイ半島に進む一方で、シリアはゴラン高原のイスラエル軍陣地を攻撃した。イスラエル軍はゴランを死守した。だが、その戦いは戦車部隊による熾烈《しれつ》な戦闘の末にやっと手中にした勝利であった。

さて、今またゴラン高原は再び和平論議の中心テーマとなった。イスラエル人の多くはゴラン占領地の一部であっても放棄すべきではないと確信したが、シリア側はイスラエルとの和平はイスラエルによるゴラン占領地域が全面的に返還された場合にのみ可能であるということであった。私の考えはこうであった。シリアが真に和平を望んでいるのなら、イスラエルを見下ろすゴランの丘の一部の返還で満足すべきであると。しかし、イスラエルが中途半端なことを望んでいただろうか？

私は祖父とゴラン高原のことで長時間議論したことがあった。理由の一つは祖父の政敵が祖父のことを不正直だとして非難していることが気がかりであったからだ。一九九二年の選挙キャンペーン期間中に、祖父は「我々は決してゴラン高原から降りて来るつもりはない」と言っていた。しかしながら、祖父が政権に就いて間もなく、彼は「たとえゴラン高原を放棄しないと約束していても、いずれはゴランを放棄する男」として書かれていた。このことは決して右翼の反対勢力のみならず、私が通っていた学校の同じ年頃の人達からの非難でもあった。そして、こうした動きに対して私はどう対応したらよいのか分からなかった。

ある夜、私は夕食の席でこの問題を持ち出した。私は祖父を非難する人達の見解を話し、彼の返答を聞いた。

「党の綱領では『ゴラン高原からの全面的な撤退はしない』となっていた。その時に私が意図したことは占領地の全部ではなくて、その一部だけを和平との引き替えにするということなんだよ」

これは意味論的な特徴のようなものと私は理解した。しかし、それは当を得た考えであった。そして、私に対する彼の批判に答えたり、私自身が懸念していることを彼に伝えたりするのに役立った。

祖父自身の語った言葉が彼と対立する極右勢力によって宣伝に使われることが支障にならないかどうか、私は尋ねた。彼はまったく同じように、自分の考えは党の綱領から外れていないし、また和平をおいて他に重要なものはないのだと答えた。

しかし、祖父は自分を批判する人達に直接答えるのは苦にならなかった。彼にとっては自分のとった行動自体が自分の考えを語っていたので、彼は自分がそのようにした意図をあえて説明する必要性など感じなかった。

私はいつも注意して祖父の話を聞いた。彼の手元には詳細な情報が集まっていた。私が懸命になって挑んだ議論の各々に対して、逆に祖父はいくつもの複雑な反論をその都度示すのが常であった。豊富な知識と経験に裏打ちされた彼の論拠を聞くと、なるほどそうなのかと納得せざるを得ないことばかりであった。彼のどの答にも各々重要なポイントが余すところなく含まれており、それ以上、私の方から求めるべき質問はなかった。

「うーん……私はそのことについては別の考えでいたけれど、今こうしておじいちゃんの説明を聞くと……なるほどと思うわ」

と私はいつもそう言うばかりであった。

私は祖父を信じていたので、彼の議論を重く受け止めた。しかし、私はまた一方で、自分自身を彼の見解は正しいのだと主張できる任務を負った彼の代理人であるとも考えた。

実際、政治家というものはまず自分自身の家庭において家族の理解を得なければならないと私は考えている。政治家は新聞紙上や議会で随分と叩かれたりしているので、家に帰ったときには平穏さや支援が必要なのである。祖父の場合には、このような環境が容易に得られた。祖父の家庭は彼にとっていつも安全な港であったから。

一九九四年に、他の若い人々と一緒にテレビの生番組に出演した時のことを思い出す。この時に私達はイスラエル政府の「平和を得るための国土」政策に関する質問を受けた。このテレビ番組の多数のゲスト出演者の中に、政府の和平プロセスに断固反対の立場を取るキリアト・アルバ（注・ヘブロン附近の入植地）からやって来た少年がいた。その服装から見て、彼は明らかに信心深い男の子だと思われた。しかし、彼が自分の意見を聖書の中の言葉で表現することはなかった。代わりに、彼は力の立場から求める時にのみ和平は可能であり、またその他のどのような条件の下でも和平は弱さの象徴としてのみ解釈され得るのだ、と主張することによって自らの立場を正当化した。その少年によれば、和平というものは強者への報酬であったし、イスラエルは未だかつてパレスチナ人に対して勝利したことはないので、政府の和平政策は、イスラエルが敵の前に頭を垂れ、敗北を認めることを強いているとして彼は文句を付けたのであった。

インタビュアーは、この少年に対して少年が和平についてそのように説明したように、和平実現にはこれから更に何世代もかかるかもしれないことが気がかりではないのかと尋ねた。少年は自分が長い年月の後にこうしたテレビ番組の司会者になったとしても、依然として和平の実現どころか、まだ和平の可能性について論議しているかもしれないということが気にはならないのだろうか？　キリアト・アルバから来た少年は答えた。

「和平実現のために何世代もかからないことを望みますが、我々は自分達の故郷を決して放棄してはいけません。我々の土地を手放してはならないのです」

このテレビ番組の参加者のうちの一人の勇気に、私は特に感銘を受けたのを憶えている。彼は五歳の時にＰＬＯのテロ攻撃によって父親を亡くしていた。それから十年後のこの番組で、彼はイスラエル政府によるパレスチナ人との和平交渉を激励し擁護していたのである。彼は復《ふく》讐《しゅう》心にかられてはいなかった。彼はパレスチナ人からの償いを求めたりはしなかった。そうではなく、彼の父の生命と同様の生命が失われることのないことを願って和解を求めたのであった。私にとっては、これこそが真の強さの印であった。

私の話す番がやってきたとき、私は慎重に言葉を選んで話した。私が何を話したとしても、それは祖父に不利となるように利用されかねないことを私は知っていたからだ。インタビュアーは、「和平に反対する圧力団体」のメンバーと正面切って議論を戦わせるようなことはせずに、私にはもっと一般的な質問をしてきた。例えば、

「ヒロイズムについて、あなたはどのように定義しますか？」

という質問に対して、私は次のように答えた。

「ヒロイズムとは極めて難しい局面を突破するような行動をとることであり、たとえその行為が失敗に終わっても、その行為に対して全責任を負うことである」

と。また
「あなたにとって和平とは？」

その質問に対して私は答を次のように始めたのを憶えている。

「国境地帯をパトロールする人々のことを心配しなくても済むことを意味するもので……」

もし、この番組がそれより六か月後に放映されていたならば、政府の和平プロセスに抵抗する人々の声は、単なる宗教上の論争へと後退していたかもしれないのではないか。当時、この番組は放映されたが、少なくともテレビ放送に関する限り、当時そのような討論が行なわれるのを聞く機会はまだ稀にしかなかった。

しかし、これらの発言があってから間もなく、いろいろな人が加わって活発な議論が展開されるようになった。彼らの論拠は聖書の言葉に極めて近いものであった。彼らは神から世話をするように授かったこの土地の神聖さに言及する。彼らの論議によれば、この土地を引き渡すことはダビデの王国を汚すものであり、それゆえに神の意思に反することになるというものであった。もし、イスラエルの国土が本来的に神聖なものであるなら、国境地帯を守ること自体に、生命を守ることよりも価値があることになる。

しかし、私にとって聖なるものは、このイスラエルの国土における平和である。だから私には「どんな犠牲を払っても土地を守れ」という議論を展開する人々との共通点はほとんど持ち得ない。このような主張をする人々の大多数は私とはまったく異なる教育を受けてきた人々である。超正統派の宗教学校では、聖書の一字一句たりともこれに従わなければならないと信じるよう、生徒に教え込んでいる。聖書が生徒の一挙一動を縛るのである。このような生徒達に私がばったり出会うようなことは滅多にない。なぜなら、私達はまったく別々の、二つに隔てられた世界に住んでいるからである。衣服についても同じものは着用していないし、彼らと同じ場所に出入りすることもない。彼らは聖書に支配された伝統的な生活様式を守っている。一方、私達は現代的な日常生活を送っている。

確かに、私はおよそ四千年の歴史をもつ民族の一員かもしれない。だが、十九歳の人間でもあり、また民族の歴史の振り出しの時点まで戻りたいとは思わない。私の家庭では、例えばヨム・キプール（贖罪の日）の断食などユダヤ人の伝統に従った生活をしているが、それら伝統的なものすべてに従っているわけではない。私はモーセの十戒を暗記している。祖父は信心深くはないが、その他にもう一つの戒律を私に教えてくれた。そして、私はそのことに特別に愛着を感じている。祖父はこう言った。

「ノア、いつも真実を話しなさい」

私の立場はこうだ。信仰を持つために宗教を実践する必要はない。同様に、形式上は互いに異なる宗教であっても、実質性まで互いに矛盾する必要はない。人々が忘れていることとして、ユダヤ教徒とイスラム教徒は同じ神を信奉しているということがある。すなわち、その神のことを私達ユダヤ人はエロヒムと呼び、彼らはアッラーと呼んでいる。また、重要な預言者についても共有している。私達はアブラハムと呼び、彼らはイブラヒムと呼んでいる。モーセやその他の預言者達は人間的な存在であったが、彼らにとって預言者ムハンマドは聖者であった。だからユダヤ人もアラブ人もそれほどまでに共通のものが多いなら、なぜ両者は一緒に暮らせないのだろうか?

ユダヤ人はこれまで——ディアスポラ（流浪）、ポグロム（大虐殺）、シオニストの苦闘、ホロコースト、国際的な孤立、そして戦争（第一次～第四次中東戦争）など——ありとあらゆる苦難をくぐり抜けてきたが、それでもなお私達は警戒態勢でいなければならないのだ。世界中でユダヤ人がどのような取り扱いを受けているか気を付けていなければならない。そして、私達の民主主義を守らなければならない。

もし私が自由に話ができるのだとすれば、すなわち、それは私が民主主義社会で生活しているからに他ならない。しかし、そのイスラエルにおいてさえ民主主義の敵はいるのである。極右の人々の多くは、この民主主義というものを政治的な権力を得るための便利な手段として見ている。しかし、私には彼らが本当に民主主義を信奉しているという確信が持てない。私の目には確かに彼らが民主主義を信奉して振る舞っているようには映らないのだ。

一九九五年の十二月、祖父が殺害されてからわずか一か月後だというのに、テレビ番組でイスラエル特有のブラックユーモアの一節を聞いた。コメディアンが宗教学校の教室での対話を説明していた。その教室の生徒は「デモクラシー（民主主義）」という言葉——ヘブライ語では「デモクラティア」と発音する——をどう発音するのかを教わっていた。

「ウ……デモクラフィア？……デモグラフィア？……デモクラキア？……」最後にその先生は生徒に向かってこう言った。

「残念だけれど、この言葉の語源をたどっていくことはできません。それでは、来週は九戒について勉強しましょう」

私は思わず笑ってしまった。人生の馬鹿ばかしさを認識することもまた、生き残っていくための一つの処世術でもあるのだ。

5章　和平のために強くあれ

一九九三年九月十三日は、祖父とヤセル・アラファトが世界の前で握手した日として、これからずっと記憶されることになろう。しかし、米国ワシントンのホワイトハウスにおける式典はもう少しで行なわれなかったかもしれない。

パレスチナ自治のきっかけを作る基本原則の声明文書へ署名する日のわずか四日前に、祖父はエルサレムにいた。そして、アラファトはチュニジアにあるPLOの本部にいた。その時、やっと最後の段階になってアラファトは、テロリズムを放棄し、イスラエルの存在する権利を認めるPLOの書状を祖父に送付した。祖父がその手紙を読んだとき、彼は皮肉な反応を抑えることができなかった。祖父は言った。

「今やアラファトは私と同じ問題を抱えている」

そして、それは真実であった。パレスチナの一部の人々にとって、アラファトは降参したことになり、そしてまた、一部のイスラエル人にとって、ラビンは相手に降参したのであった。

当然ながら、私はそのような考えを認めることはなかった。和平を実現するためには、戦争を行なえる十分な強さを備えていなければならない、と祖父はいつも私にそう教えていたからだ。

しかし、依然として和平の実現は祖父にとって容易なことではなかった。祖父は常にアラファトに対して不信感を抱いていた。多分、祖父はずっと不信感を持ち続けたのだと思う。以前に軍人であった男がテロリストであった男をどのように信頼することができるだろうか？イスラエルの通常軍を指揮した祖父と秘密の隠れ家で待ち伏せ工作隊を組織したアラファト。二人はこれまで互いに戦ってきた。別段、驚くことではないが、アラファトを常にテロリストとして認識してきたイスラエル人にとって、アラファトに対する見方を変えるのには抵抗があった。

しかし、祖父は別の言い方をしていたが、そのような言い方が彼には最も役立つものであった。

「お前は敵と和平交渉をしているのであって、友人と交渉しているんじゃない」

私が思うに、時々祖父は自分自身を確信させる必要があったのであろう。

「この男は自分の友人なんかじゃない。アラファトは私の敵だ。それでもイスラエルのためには、アラファトと和平を結ばないといけないのだ」

と祖父はよく言っていた。

しかし、たとえ和平が可能だとしても、祖父はユダヤ人の血に汚れたアラファトの手を握ることに同意できるだろうか?

米国ワシントンにおける調印の日、私は女友達や母の友人と共に自宅にいた。一方、ヨナタンは軍務に就いていた。ワシントンは暖かい朝を迎え、ここテルアビブは暖かい午後を迎えていた。街の通りは人気がなく閑散としていた。大多数のイスラエル人と同様に、私達は調印式の模様をテレビで観ていた。当然ながら、私達は他の一般の人々よりも神経質になっていた。祖父とアラファトがクリントン大統領と共にホワイトハウスの建物から外に現れるのが見えた。祖父の口元からかすかな笑みがこぼれていた。テレビ画面に祖母の姿がちらりと映ったが、彼女は光り輝いているように見えた。何人かのスピーチが続いた後に、いよいよ祖父の番がやってきた。それは感動的で堂々たるスピーチであった。彼の言葉を私はずっと憶えておこう。

「私達はパレスチナ人である皆さん方と戦ってきた者達です。その私達は今日あなた方に対して声を大にして、はっきりと申し上げます。血と涙はもう十分に流しました。本当にもうたくさんではありませんか。私達はあなた方に対して憎しみの気持ちは持っていません。復讐したいとの思いもありません。あなた方と同じように、私達は家を建て、木を植え、人を愛し、そして、あなた方と互いに手を取り合って——人間として、そしてまた自由な人間として威厳と共感をもって——生きてゆきたいと願っている民族なのです。私達は今日、和平にチャンスを与え、そして、あなた方に申し上げたい。血と涙はもう十分です」

それから祖父は旧約聖書中の「伝道の書」から一つの詩を引用した。

天の下では何事にも定まった時期があり、
すべての営みには時がある。
生まれるのに時があり、死ぬのに時がある。
殺すのに時があり、癒すのに時がある。
泣くのに時があり、笑うのに時がある。
愛するのに時があり、憎むのに時がある。
戦うのに時があり、和解するのに時がある。

「ご臨席の皆さん、和平の時が今やってきたのです」

この今でさえ祖父のスピーチがテレビで再放映されると、私はテレビに流れる彼の声に自分の声を重ね合わせて、彼が話した「血と涙はもう十分ではないか」というあの言葉を彼と共に繰り返す。

あの日、文書に署名した後であったが、みんなの頭の中にあった問題は、果たしてラビンはアラファトと握手するのだろうか？ということであった。

もちろん、祖父はそうしなければならなかった。それは外交儀礼という問題を超えていた。それは全世界が固唾《かたず》をのんで待ち構えている象徴的な姿であった。私達はみな彼の心の内にある複雑な心境を知っていた。そして、私達は彼に前進するよう期待した。彼が躊躇《ちゅうちょ》しているかに思われたとき、私は心の中で彼に願をかけた。お願いよ。どうか、おじいちゃん、お願い。

ほんの一瞬、世界はしんと静まり返った。クリントン大統領の仕草から、彼が祖父を励ましているように思われた。一方、アラファトは待っていた。彼はラビンと一度握手することによって、世界中の多くの人々が注目する中でテロリストから和平の実現者になることが分かっていた。だが、祖父の双肩にイスラエルの苦難に満ちた歴史の全重量が突然のしかかってくるように思われた。私はそのことを祖父の目の中に見いだすことができた。イスラエルの歴史に転機が訪れ得ることを祖父が確信するまでには、途方もない努力が必要であった。

ついに祖父は手を伸ばし、アラファトの手を握った。私には祖父が手を「一杯に」伸ばしたと言うことはできない。なぜなら、これから先へ進む決心がまだつきかねているかのように、祖父の右腕がわずかに折れ曲がっていたからだ。しかし、それで十分であった。祖父とアラファトの後ろに立って両腕を上げたクリントン大統領は、ボクシングのチャンピオンのように、そしてまた誇り高い父親のごとくにこやかに微笑んでいた。ワシントンから何千マイルも離れたイスラエルのヘルツエリアの我が家は、喜びと安堵《あんど》の気持ちで満ちていた。この和平協定に反対した人々でさえ、今や和平の好機であることが分かった。

私は馬鹿なことを考えていた。私の両手の形は祖父から受け継いでいる。でも、私は気に入らない。ずんぐりして短い指である上に、手の甲にはシミがたくさんあるからだ。私はしばしば両手を隠そうとする。神経質になっているとき、私は爪をかむ癖があるので、なおさらそんな風にしてしまう。しかし、今や祖父の両手、ないしは少なくとも右手は歴史の一部となった。そして、私は祖父に謝らなければならないと感じた。

その夜、私は米国に滞在中の母や祖母と電話で話をした。二人はあふれるばかりに感情を発露して語った。祖父のスピーチのこと、調印式のこと、その場に列席していた人々の反応、祖父がそこでどのように感じていたか、祖父が着用していたネクタイのこと、そのほか話題は地球の反対側にいる時に家族のみなが話すような小さなことから大きなことまでありとあらゆることにわたった。

祖父が帰国した時の反応はいかにも彼らしく、ドラマチックなところなどまるでなかった。栄光の時にあってさえ、祖父は、はにかんでいた。

「私はこれまでの人生で数多くの栄誉を受け、また大へん厳しい状況をたくさんくぐり抜けてきたので、さらに前進していくのは不可能なことだと思った。……しかもなお……」

ホワイトハウスの芝生に足を踏み入れるまでの道のりは実に長かった。自由を求めて戦ったパルマッハの兵士から将軍、参謀総長、駐米大使、それから首相へと上り詰めた。そして首相の座から滑り落ち、再出発しなければならなかった。しかし、挫折《ざせつ》の中に身を置いても、彼は決して諦《あきら》めることはしなかった。それは祖父が私に残してくれた教訓の一つであった。自分の思いどおりに事が進まずに私が落胆していたら、祖父はきっとこう言ったに違いない。

「大したことじゃないよ、ノア。物事はいつも最良の方向に向かうから。次の時にもっとうまくやればいいんだよ」

彼は常に「次の機会」があることを何とか信じようとした。

一九九〇年、祖父はイスラエル労働党の指導者の地位をめぐって、シモン・ペレスに挑戦しようと決意した。世論調査では祖父の人気が高く、ペレスは苦戦していることを示していたので、彼は労働党のリーダーとして党を再編し、そして恐らく党首選の早期実施は可能だと考えたのであろう。そこで祖父は新たな党首選を提案した。

だが、新たな党首選を提案するだけでは不十分であった。党はまず予備選挙の日程を繰り上げるか、もしくは通常の日程どおり一年あまり後に開催するかを決める投票を実施しなければならなかった。そしてペレスは自分の不利が分かっていたので、予備選挙の早期実施には反対した。それは熾烈《しれつ》な戦いであった。そしてペレスが勝利した。祖父は打ちひしがれた表情で、一握りの近しい同志と共に自宅に戻ってきた。私達はピザを注文した。しかし、そのピザは涙と混じってほろ苦い味がした。今日に至るまで、私の家族はこの時のことを「ピザの夕べ」と呼んでいる。

首相を辞任してから十三年を経たこの二度目の挑戦にあたり、多くのイスラエル人は公人としての祖父の役割はこれで終わったものと考えた。

ある日のこと、継父《ちち》のアヴィは朝食のときに私達に向かって言った。

「ゆうべ、おじいちゃんが首相になった夢を見たよ」

私達はまるで彼の頭がおかしくなったみたいに、いぶかしげに彼の方を見つめた。しかし、その後まもなく一九九二年二月に労働党党首の予備選挙がとうとう実施された。その結果、労働党の党首には祖父が当選し、私達は再び驚いた。この選挙戦には祖父とペレスの他に二人の泡沫《ほうまつ》候補者がいて、この二人の候補はまず選挙に勝つ見込みはないと考えられていた。しかし、どちらの候補とも先行するラビンとペレスの票を喰って、二人の候補のどちらかの勝利に必要な投票総数の四十パーセント以上の得票数の獲得を妨げる可能性があると考えられていた。開票が行なわれている間に、私達はそれまで過ごしてきた神経のすり減るような夜を思い出した。私達の家族や親しい友人達は既にラマト・アビブにある祖父母の自宅アパートに集まっていた。緊張は極限に達していた。ラジオ放送は各候補者の得票速報を流していた。そして抜きつ抜かれつの首位争いが展開されていた。たった今、祖父がリードしていたかと思えば、次の瞬間にはペレスがわずかに優位に立つというシーソーゲームであった。

深夜になって、祖父はしばらく休んでくるから、と私達に言い残してそこを離れた。そのような時に休息を取ろうと考える祖父に、皆はあっけに取られた。私達の方ではこの先どうなることかとドキドキしていたのであった。しかし、実際に祖父が仮眠を取ることはなかった。それからおよそ十分後に、私はウィスキーの入ったグラスを三つ持って祖父の寝室に入っていった。そして、私はヨナタンの方に向かって、後から付いてきてほしいと合図を送った。祖父は自分のベッドの上に横になって足を伸ばし、兄と私は祖父の傍らに座った。私達はウィスキーを飲み、日常の様々なことをおしゃべりした。そのとき祖父は大へん冷静であったので、後に私達は祖父がずっと自分の勝利に自信を持っていたことを確信した。しかし、実際には祖父の得票は投票総数の四〇・五パーセント（ペレスは三五パーセントと記録されていた）で、僅《きん》差《さ》の勝利であった。最終結果が午前二時三十分頃に発表されると、私達はみな労働党本部に向かった。その夜の祝賀会は何とまあ大へんな祝賀会となった。

この年は数多く祝賀会のあった一年であった。三月一日、私の両親は祖父の七十歳の誕生日を祝うためにヘルツエリアの私達の家でパーティーを開いた。私達は人生の折々に撮影された祖父の写真を家の中に飾った。そして彼の友人達が数十人、このパーティーのために駆けつけてくれた。それから、その年の六月には国会議員の総選挙が行なわれた。その日の夜は家族や友人達が祖父の自宅アパートに集まり、テレビから流れてくる選挙結果をみなで食い入るように見つめていた。この時も激戦であった。労働党が総選挙で第一党になったことが最終的に放映されたとき、近所からこだまのように伝わってきた喜びの声が思い出される。私達はみなテルアビブ市内のダン・ホテルに向かい、そこで深夜まで勝利の美酒に酔いしれていた。

アヴィの見た夢がまさに現実となっていた。

人々が言うように、それはもう過去のことであった。祖父は国会では辛うじて過半数を制した。しかし、それでも彼は労働党の全面的な支持を得て、それまでの入植地政策の転換に着手した。ついに祖父とペレスはライバル関係から友人で、かつ盟友となった。祖父はＰＬＯとの秘密交渉の開始を承認した。そして、ペレスが新外務大臣としてイスラエルの外交団を率いると、ノルウェーの首都オスロ近郊の様々な場所においてノルウェー外交官らの仲介の下で会談に臨んだ。

一九九四年にノーベル平和賞が授与されたとき、ペレスが祖父やアラファトと共に栄誉を受けることに疑問を差しはさむ者は誰一人としていなかった。三人はみな一緒になって和平のために戦ったのであった。そして、一九九四年十二月十日にオスロの地に三人は共に立つと、ノーベル平和賞のメダルと証書をノルウェー国王より授与された。祖父とペレスはかつては政界において大のライバル同士であり、アラファトはそのわずか二年前にはまだテロリストと見なされていた人物であった。

私は自宅のテレビでこの時の式典の模様を見た。祖母、母、継父のアヴィ、ユヴァル叔父夫婦はみな授賞式のためにオスロへ旅立っていた。祖父は受賞スピーチを終えると、スピーチの出来具合を確かめるように一人の人物の方に顔を向けた。そして、祖母は頷《うなず》いてそれに応えた。祖父と祖母の二人がイスラエルに戻ってきたとき、私はノーベル平和賞を受賞した本人よりも祖母の方がいっそう誇らしく思っているような印象を受けたのである。祖父の方はそれまでの努力が認められたことを素直に喜んでいる様子であった。しかしなお、やらなければならないことが山積していることを祖父は決して忘れてはいなかった。

祖父がアラファトと共に公の場に現れるとき、彼はいつも威厳をたたえた面もちでその場に臨んでいた。祖父は、過去にＰＬＯのテロリストによって殺された何百人ものイスラエル人のいることを忘れてはいなかった。たとえ、こうした公の場でのアラファトとの同席が写真撮影には良い機会であったとしても、彼はあまり良い気持ちがしなかった。もしアラファトに対して好意的であるように見えた場合、多くのイスラエル人は決して許しはしないことを祖父は十分に認識していた。そして、この交渉事というものは二つの国家を代表して行なわれるものであって、友人とか兄弟との間で行なうものではないんだ、と彼はいつも強調した。アラファトが交渉のテーブルの向こう側に対峙《たいじ》しているならば、きっと祖父はこう言うであろう。なぜなら、まさしく彼は敵であるからだ、と。

しかし、徐々にではあったが両者の間に信頼が芽生え始めた。祖父は、アラファトのことを言葉に重みのある真面目な交渉相手であると認めた。やがてアラファトのことを誠実な男であると判断するまでになった。ホワイトハウスでの調印に至るまでに和平交渉の中断や再開など紆余曲折《うよきょくせつ》があったけれども、祖父のアラファトに対する敬意は次第に大きくなっていった。

私はこのＰＬＯのリーダーにただ一度会っているが、それは祖父の死後であった。その時、アラファトは祖母や家族の者に対して哀悼の意を表すために、祖父母の自宅アパートを訪ねてきたのであった。私はアラファトにとても会ってみたかった。それまでただ一度テレビの映像によって、軍服姿に頭部をカフィーヤで覆った彼を見ただけであった。それが突然に、しかもサングラスをかけ、すその長いウールのオーバーコートを着用し、帽子を被り、黒っぽい大きなスカーフを首に巻いてその男が家にやって来たのだ。見知らぬ男であった。私立探偵ないしは、せいぜい良くて遠い親戚筋の人が前ぶれもなく突然やって来たような感じであった。

安全上の理由からアラファトは祖父の葬儀には参列していなかった。彼が祖母を訪ねた時も極秘であったし、報道陣への発表も彼がテルアビブを出発した後に行なわれた。継父のアヴィはこの計画に関わっていて、テルアビブの飛行場からアラファトを車で運んできた。

祖母の自宅アパートに入ってくるなり、アラファトは家族の一人ひとりに――祖母と母には頭部に三回、叔父のユヴァルには頭部に三回と両頬に一回、そしてヨナタンと私にも頭部に三回――キスをした。

私は「シャローム（こんにちは）」と言って彼に挨拶をした。

私達はみな椅子に座った。私は彼をしげしげと見つめると、彼には目が三つあったり、耳が四つあったりしていないか、また頭から小さなアンテナが飛び出ていないかどうかを確かめた。私達の家の中には「敵」であるアラファトがいた。しかし、私の面前の男は礼儀正しく、友好的であり、気軽におしゃべりし、微笑みさえ見せていた。彼の話し声は静かで優しかった。私は祖父が私達に話していたことを思い出した。

「彼は本当にいい男だよ……」

催眠術にかけられたように魅了されて、私は彼の滞在中に「シャローム（こんにちは）」「シャローム（さようなら）」以外は一言もしゃべらなかった。私はイスラエル史の脚注となるような出来事に遭遇し魅了された目撃者であった。軍服姿の写真、胸像、ノーベル平和賞の証書などが飾られた祖父自身の居間であるその部屋には、ＰＬＯのリーダーがいた。志半ばで非業の死を迎えた和平のパートナーへ敬意を表すために、そしてまた一緒に手がけた仕事を完成させることを保証するために、彼はここにやって来たのであった。私にはもはやアラファトのことを怪獣だなどと考えることはできなかった。彼は私の祖母のことを「マイ・シスター」と呼び続けていた。そうだとすると、彼は大叔父さんということになる。

それまで祖父が行なってきたことを私が十分に理解したのもその時であった。祖父はこの男となら和平を実現するのは可能だということが分かっていたのである。祖父はリスクを引き受け、そして相応の結果を出したのである。

私は祖父からいったい何を受け継ごうとしているのだろう？　私には分からない。祖父には独特の言い回しがあって、それは誰をも喜ばせるようなものではなかった。例えば、祖父はかつてペレスの政治顧問の一人に対して「ペレスのプードル」というニックネームをつけた。そして、それによって、その気の毒な男に打撃を与えた。それから祖父はよく政府の和平プロセスに反対する入植者達のことを「旋回ばかりしている単発プロペラの双翼」と形容していた。彼らが起こした向かい風をものともせずに、祖父はなおも和平の行程を押し進めた。

とりわけ、勇気をもって敗北に対処し、他の人々ならせいぜい思いつくだけで終わることを実現に移す祖父の、そのような強さの一部でも、私に持ち合わせることができたならよいのにと思う。まだ祖父が生きていた頃に、彼は私にそうした道を示してくれた。彼がこの世を去ってしまった今、彼の思い出が私を導いてくれることを願わずにいられない。

6章　アウシュヴィッツに鳥はいない

私がこれまで受けた学校教育においてユダヤ人の歴史は、ホロコーストやヒトラーによるユダヤ人の絶滅計画によってクライマックスを迎えた、うんざりするほどの苦難と迫害の終わりなき歴史として教えられた。一人の子供にとって一つの民族、すなわち自分と同胞であるユダヤ民族がどんなことをしたがためにあれほど過酷な罰を受けるに値したのか理解するのは、容易なことではなかった。

ホロコースト（ユダヤ人大虐殺）やユダヤ人を積んだ国外への移送列車や第二次世界大戦の終了時に強制収容所で発見された、やせ衰えたユダヤ人の画像を私が初めて目にしたのは、五歳ぐらいのときであったと思う。それらの画像のすべてが夜間に恐ろしい夢となって現れた。そうした悪夢のほとんどすべては、それまで私が見たことのある写真や映画と同様に白黒の夢であった。その夢の中で私は列車に乗っていた。列車には灯りはなく、私の周囲には人体がいっぱい転がっていた。私は息ができなかった。誰もが飢えに苦しんでいた。彼らの肉体は裸で、頭髪は剃られていた。だが、私はちゃんと衣服を身に付けていた。そして自分の姿には色彩が付いていた。

母が言うには、私はしきりにこんなことを呟《つぶや》いていたそうだ。

「でも、神様はどこにいたの？　なぜ、その時に神様は何かしてくれなかったの？」

子供というのは答えられないような質問をするものだ。そのときに母が何と言ったか私は憶えていない。今日、そのような質問を受けたら、どう答えるのか私には分からない。しかし、ともかくも子供として、ディアスポラは――ホロコーストでさえ――神がユダヤ人に与えた試練なのだと理解するようになった。もし私達自身が滅亡に甘んじるのなら、この地上に土地を授かるには値しなかったのだ。しかし、まったく成算がない中でかろうじて生き残ったがゆえに、私達は一つの土地、私達自身の国土、すなわちイスラエルという国家を得たのだ。

一九四五年八月にイスラエルという国家がまだ単に一つの夢の存在でしかなかったとき、世界シオニスト会議は次のように宣言した。

「ヨーロッパにおいて我が民族に起こったことは、自分自身の国土と国家を持つ人々には起こらなかったし、また起こり得るはずがなかった」

当時、ユダヤ人の生き残り《サバイバル》という概念は、イスラエルという国家を考える際に常にその中心に位置していた。ホロコーストは私達の国民的なアイデンティティーの柱となった。自分達の母国がなかったがゆえに何百万人ものユダヤ人が抹殺《まっさつ》された。イスラエルという国家は、そのようなことが再び起きないことを確実にするために存在したのだ。

一九九三年四月十九日は、ワルシャワのゲットー（ユダヤ人強制居住区）の中に閉じこめられたユダヤ人の蜂起《ほうき》から五十周年に当たっていた。祖父はポーランド政府より招待を受けて、あの大事件に因んだ記念行事に出席した。祖父はこの時が最初のポーランド訪問であると同時に、イスラエル首相としての最初の訪問ともなった。

ポーランドはユダヤ人の記憶の中に常に深い傷を残してきた。第二次世界大戦中に三百万人のユダヤ人が——その多くはヨーロッパの他の地域から逃れてきたユダヤ人であった——ポーランドの死の収容所で亡くなった。一九三九年九月、ドイツがポーランドに侵攻した当時、ワルシャワだけで四十万人を上回るユダヤ人が居住していた。それから一年の間に彼らは高さ約三メートルの壁によって外部と遮断されたゲットーへ強制的に連れていかれた。一九四一年の末までには、少なくとも五万人のユダヤ人が飢えと病気のためにゲットーの中で亡くなっていた。そして、一九四二年の六月にユダヤ人の集団移送が始まり、それから六か月のうちにワルシャワの三十万人ほどのユダヤ人がトレブリンカに送られて死を迎えた。一九四三年の初頭にナチスはゲットーを取り壊す計画を発表した。

ヒトラーの誕生日の前日にあたる一九四三年四月十九日に数百人の男達——その多くは若者であった——が、ポーランド人の抵抗運動の人々から秘かに入手した武器を使い反乱を起こした。ゲットーの中にはまだ六万人ほどのユダヤ人が残されていた。そして、彼らの多くは勇敢にも素手で立ち向かうことさえした。だが、彼らはナチスの前になすすべもなかった。ナチスは三週間以上にわたってユダヤ人の家々を次々に焼き払っていった。反乱を起こしたリーダー達の多くは追いつめられると、逮捕されるよりも自殺する道を選んだのであった。おまけに、ナチの司令官はトロマツキー・シナゴーグの破壊を命じた。そこから生き残ったひと握りの勇敢なユダヤ人戦士のうち六人は今日でもなお生存している。

そのような背景の下に執り行なわれたポーランドのユダヤ人蜂起五十周年記念式典で想い起こされたのは、ユダヤ人の勇気とナチスの残忍さであった。

祖父は公式の代表団を伴うことになっていた。そして、教育大臣が自分の孫娘を連れて行くことを祖父に伝えると、祖父は「私も孫娘を連れていこう」と応じた。

祖父が公式行事の旅に祖母と母以外の家族の者を連れていくことは稀であった。だが、この時は特別であった。蜂起五十周年であり、またイスラエル首相による初のポーランド訪問となるこの旅の重要さは、この時に十六歳になっていた私にも理解できた。もちろん、祖母も公式訪問団の一員であった。

いささか奇妙であったが、その時まで私はホロコーストについて祖父と話し合ったことがなかった。祖父と祖母のそれぞれの両親が一九二〇年代にパレスチナの地にやってきて以来、私達の近しい親戚の中にナチスの手によって殺害された者はいなかった。だから我が家では、ホロコーストで亡くなった祖父母の兄弟姉妹の第二次大戦前の写真というものが室内に飾られることはなかった。ナチスによる人種浄化政策に関する私の知識は、学校の授業や記録映像番組から得たものである。しかし、その知識は生き残った証人から直接聞いたものではなかった。

やっと生き残って戦後にイスラエルへたどり着いた人々にとって、あの地で起こったことを話すことにはしばしば難しさを伴った。彼らが新たな人生を築いていこうとしている時でさえ、自分の家族が消されてしまったというのに、「なぜこの自分が生き残っているのか、どうして彼らではないのか？」と体験者の多くは自問しながら、自分が生き残ったことに罪の意識を覚えたのであった。

もっとも、私達の世代にとってホロコーストは実感が乏しい。私はこのポーランドへの旅を一種の学校行事のような感覚でとらえてさえいた。よく写真を撮り、恐らくメモも取るだろう。そして、最後に、子供の頃に夢の中に出てきた恐ろしい数々のイメージを正しい状況の中でとらえるだろう。それから、私達はもう昔のユダヤ人とは違うということをポーランド人に示そう。私は、ポーランドの人々に対して語りかけている自分自身を頭の中で想い描いた。

「私達をよく見て下さい。私達は、もう大虐殺を許してしまった、あの無防備でか弱いユダヤ人ではないんです。私達はイスラエル人なのよ。私達は死んではいない。私達は今を生き、そして、たくましく誇り高いのです」

そして結局のところ、それが私の感じたことなのである。

しかし、このポーランド訪問によって、私にはホロコーストが以前よりもずっと実感を伴うものとなった。

奇妙なことに、首都ワルシャワ訪問の初日には感動することがなかった。祖父母の後から取材のためにぞろぞろと続くジャーナリストやテレビ放送局のスタッフを伴って、私達はポーランド国立無名兵士の墓を訪ねた。この巨大で壮麗な墓は、全体主義の政権が国民に投資するのではなく、象徴的なものに対していかにお金をつぎ込んでいるかを示す典型的な事例であった。この墓には鋭いアーリア人の風貌をした金髪の若いポーランド兵で構成された栄誉ある軍の衛兵がいた。彼らはぴしっとアイロンのかかった軍服と長いブーツに身を固め、銃剣を脇に引いて敬意を表していた。それは大へん印象的な光景であった。

しかし、私は少し落ち着かない気がした。実際、彼らはパレードのための「おもちゃの兵隊」にすぎなかった。だが、私の目には、突如としてその銃剣の刃をユダヤ人に対して向けるかもしれないアーリア人の戦闘部隊を示しているように思われた。なぜ私は恐れを感じるのだろうか？　ホロコーストの時からすでに二世代を経ている。私は独立後のイスラエルで生まれ育った。それらポーランドの若い兵士達は私達に敬意を表すためにあの場にいたのであったが、彼らは私の心に一点の曇りをもたらした。恐らく、それはここが殺風景な場所であったせいであろう。すなわち、重苦しい天気の下に重苦しい記念碑。

次に、私達はワルシャワのユダヤ人にゆかりの様々な場所を訪れた。それらの中には、当時ユダヤ人をトレブリンカまで移送するために列車に積み込んだ場所、ウムシュラークプラッツや、ゲットーでの蜂起を導いた戦闘部隊イヤルのリーダー、モルデハイ・アニレヴィッツの生家も含まれていた。しかし、私達の見たものすべては、ナチスが戦時中に破壊した建物を戦後になって建て替えたものであった。私はイスラエルの学校で毎年行なわれているホロコースト記念日の行事ほど感情的になることはなかったように思う。なぜ、何も感じることのないこんな所まではるばるやって来なければならなかったのだろう、と私は自分自身に問いかけた。祖父と祖母は、きっと明日はこんなものではないと思うから、と言って私に約束してくれた。

その夜、私達はワルシャワ蜂起を記念する本行事に出席した。そこには米国副大統領アル・ゴアをはじめ世界中からやって来た高官たちとともに、ポーランド大統領のレフ・ワレサがいた。もちろん、祖父は来賓としてそこに迎えられたのであった。私達参列者のためにワルシャワ蜂起を解説する視聴覚による催物やスピーチが行なわれた。これもまた、私には印象が薄かった。なるほどそんなことが本当にここで起こっていたのだと思わせるようなものではなかった。それは単にホロコーストを人々の記憶に留めるための一つの式典に過ぎず、それ以上のものではなかった。

しかし、翌日はそれまでとは違った。

その日のスケジュールはワルシャワにあるユダヤ人の共同墓地を訪ねる旅で始まった。そこには古色漂う印象的な墓が多数あって、それらの墓石には詩人や哲学者からの引用句が刻まれていた。戦前のワルシャワに住んでいたユダヤ人の知性や教育水準の高さを示すものであった。それらの美しさは長い時の経過によってもなお失われることはなかった。それから、ナチスによって殺害されたり、飢えや病気で亡くなったりした無数のユダヤ人犠牲者が一緒に埋葬された集団墓地があった。これらは絶滅収容所に送られる前に亡くなった人々であった。ナチスによって殺害された医師ヤヌシュ・コルチャックと彼の孤児院の子供達を表した彫像によって、彼らが偲ばれる。ポーランドにおけるユダヤ人社会がどのようにして絶滅に至ったのか、私には徐々に明確になり始めた。

それから私達はアウシュヴィッツへと向かった。

私の子供の頃から、まさに「アウシュヴィッツ」という言葉はユダヤ人の歴史において最暗黒の時代の一つを象徴していた。私達はすでに学校でアウシュヴィッツがどのように運営されていたかを学んでいた。それは一九四〇年四月二十七日のヒムラーの命令によって強制収容所（ＫＺ）として建設された。後にその近くのビルケナウの強制収容所も恐らくは合成ゴムを製造するための工業施設として建設された。しかし、そこで本当に工業化されたものは死体の製造のみであった。アウシュヴィッツの複合施設にはガス室が全部で五室あった――人々はその部屋のことを「シャワー室」と呼んだ――、そして火葬炉も五つ。それから、ユダヤ人犠牲者の灰を廃棄する場所である池や彼らが着ていた衣類の保管倉庫があった。

ナチスの真の流儀によって何事も冷徹に効率よく行なわれた。働くことのできない者は直ちにガス室へ送られ、それからオーブンの中で焼却された。一方、その他の者は力尽きて倒れるまで働き、最後には疲労困憊して死ぬか、さもなければ殺されるかのいずれかとなった。病院では「死の天使」と呼ばれたヨーゼフ・メンゲレが子供達、それも通常は双子を対象とする医学上の実験を行なっていた。しかし、ナチスは一方でロマンチックな一面も持ち合わせていたと私達は教えられた。彼らは時には犠牲者を選んで、オペラ「トスカ」の中のアリアの音声を聴かせたりすることもあった。

こうしたすべてを私は知っていた。さあ、私は自分自身でそれを見て、そして感じることにしよう。

それは冷たい霧のかかった日であった。私達は飛行機でクラクフへ行き、それからバスを連ねてアウシュヴィッツへ向かった。私達が通り過ぎていった途中の村々では、お百姓さんたちが私達のバスに掲げられたイスラエル国旗に気付くと、楽しそうに手を振っていた。私達は死の場所へ向けて巡礼の旅をしているというよりは、まるでサーカス団のパレードの中にいるようであった。アウシュヴィッツの生き残りであるシュモエル・ゴゴルがバスの窓から彼らを見つめていた。そして彼はうんざりした表情で言った。

「くそったれが。強制収容所へ向けた移送列車がここを通過していったあの時には、誰一人として手を振る者はいなかったし、一言だって声をかけてくれる人はいなかったんだから」

道は美しい田園地帯を走っていた。美しい牧歌的な雰囲気の中で、人類史上で最も嫌な出来事がどのようにして起こり得たのかについて、私はずっと考え続けた。

祖父はその他にもポーランドにおけるユダヤ人の惨禍《さんか》から生き残った多くの人々を同行訪問団に招待していた。彼らは暗黒の記憶を引きずっていた。バスに乗っている間、私はイスラエルのクネセット（国会）議長で自身もホロコーストの生き残りであるシェヴァフ・ヴァイスの隣に座った。医師でイスラエル軍将校のメナヘム・シュテルンも、同じバスに乗っていた。第二次世界大戦中、彼はそのような大多数のユダヤ人の中にあってとりわけ運が良かった。彼の家族は、ポーランド人一家にかくまわれてナチスによる検挙を免れた。しかし、それでもなお彼はポーランドを思い出すとき、いつもほろ苦い思いをするのである。

第二次世界大戦の終了後、彼とその家族は列車でポーランドを離れようとしていた。彼らが国境付近に差しかかった時にポーランド兵達がやって来て、「盗品」を捜索するためと称して、衣服を脱ぐよう命じた。そして目に憎しみの表情を浮かべて家族を足蹴にしたり叩いたりした、あのポーランド兵達を、彼はこの日まで決して忘れることはなかった。しかし、恐怖に怯《おび》えていたあの小さなユダヤ人少年が今やイスラエル国防軍将校の制服姿でポーランドに帰還していた。そして、ポーランド人将校の表敬を受けるという夢を実現した。そのことは彼自身の勝利であっただけでなく、彼と同じように辱《はずかし》めを受けたすべてのユダヤ人の勝利でもあった。

私達が強制収容所跡に到着した際に、私はあのアウシュヴィッツの村がこの近くにあることを知った。絶望の淵に追いつめられたユダヤ人を満載した貨物列車が到着するのを見て、この村人達はいったい何を考えていたのだろうか？　この地域も収容所近くの森によって緑豊かな印象を与えていた。しかし、私にはあまりの静けさが気になった。五十年後の今日でもなお、アウシュヴィッツで鳥達が歌うことはなかった。それは私だけの印象なのだろうか？　いや、そうではなかった。他の人達も同じことに気付いていた。アウシュヴィッツには鳥がいないのだ。

「Arbeit macht frei 働けば自由が得られる」と読める、ナチスが記した重い鉄の扉の門の下を通って私達は中に入っていった。もちろん、これは嘘であって、ナチスによって追放された人々を欺《あざむ》いて彼らが労働キャンプにやって来たと思わせるためのものであった。恐らく暗闇の中にあって、多くの人々はそのサインを見ていなかったものと思われる。たとえ彼らがそれを見ていたとしても、ドイツ語のアルバイトという単語の中のｂの字が逆さまに書かれていることに気付かなかったものと思われる。このサインを書くようにナチス当局者より強いられた囚人達がｂの字を逆さまに書くことによって、この字を見た新参者に対して、これは何か変だと気付かせようとしたものであった。だが、たとえ新参者がこの誤りを見つけて、そのメッセージの真の意味を理解したとしても、この重い鉄の門をくぐって行く以外、彼らに進むべき道はなかったのだ。

わずかな着衣で寒さをしのぎ、そして飢えや病に苦しみながらやっとのことでここにたどり着いたユダヤ人達のことを私は思い浮かべた。私の方は冬の寒さに対して三枚重ね着していたのに、それでもなお寒さを感じた。

この旅は、恐怖のありさまを記録した文書や写真が一杯に詰まった部屋の中から始まった。それらの写真の一枚には、ゲラゲラと笑うナチスの兵士達によって取り囲まれた一人の若い女性が写っていた。その女性は手に一枚の札を持たされていた。それは「私はブタのようなユダヤ人の売春婦です」と読めるものであった。他のナチス兵士達によってヒゲをそり落とされた初老のラビ（宗教指導者）の写真もあった。

次に私達は「モデルルーム」なる部屋を見た。そこには鉄製のベッド、パジャマ、さびた鉄の便器、古びた木製の机と椅子があった。想像力はどんどん働き、止まるところを知らなかった。あらゆる事がにわかに現実味を帯びてきた。私は感情が高ぶり、ほとんど息が詰まりそうになった。

それから私達は「死の壁」と呼ばれる赤レンガの壁の傍らに立った。そこには毎日何百人もの人々が運ばれてきて、理由もなく処刑された。私達は死者への祈り、カディッシュを捧げた。それは実に悲しいひと時であった。人々はみな気が動転した。私の祖父母も同様であった。私は胸が締めつけられるような気がした。そして多くのアウシュヴィッツ生き残りの人々のすすり泣く声が聞こえてきた。

私達は別の区画に移動した。そこにはぎょっとするような陳列窓が続いていた。最初に見たガラス窓の向こう側には、何千もの歯ブラシ、靴磨き用ブラシ、ひげ剃り用ブラシ、頭髪用ブラシおよび清掃用ブラシがあった。それらすべてのブラシは、どれ一つとして同じ物はなかった。ちょうど、ユダヤ人であるすべての囚人達が、各々が別々の人生を背負った人達のように。

別のガラス窓は無数のめがねフレームで埋め尽くされていた。各々めがねの奥に眼が付いていた。それらの眼は乾ききっており、そこから剥離《はくり》した瞳孔がぶら下がっていた。そのような眼のことを考えるだけで、私は気分が悪くなった。私は祖父の顔をのぞいた。祖父はもっぱら熱心に質問を続けていた。彼はどんな細かい点までも知っておきたかった。このようなめがねはいつ集められたのか？　犠牲者から取り外されたのは生前か、それとも死後なのか？　それが祖父自身のやり方であった。祖父はあらゆることを知る必要があったのだ。

私達は壊れた人形、血のこびり付いた乳児用の乳首、名前が記載されたスーツケース、人間の遺灰が入ったポットなど、地獄のような記念の品々が一杯に詰まった展示窓を次々と通り過ぎていった。人々の身の丈はとても小さい。しかし、彼らの生命はとても大きい。私達が靴で埋め尽くされた窓を通り過ぎた際に、私にとってはそれらのすべてが恐ろしさの塊になった。一足の靴ごとに両足があり、それぞれ両足には一つの胴体が、そして各々胴体には魂があった。ホロコーストは単なる死に関するものではなく、それはおよそ六百万人分のユダヤ人の生命に関するものなのだということが私に分かったのは、まさにその時であった。私は目頭が熱くなった。だが、私は泣くことができなかった。私はただただショックのあまり泣くことさえできなかったのだ。

そこから私達は、アウシュヴィッツの別施設であるビルケナウに向かった。

鉄道の線路は、この強制収容所のところで終わっている。それはまるでここにたどり着いた人々に対して、これが本当に人生最期の場所であることを思い起こさせる必要があるかのようであった。そこには通路の一方の側に石造りの低い小屋があった。それから、もう一方の側に立つ小屋は木造であった。それら木造の小屋のほとんどは第二次大戦の終戦時に焼失した。その破壊された場所に残されたものといえば、むき出しになった石の煙突が二本立っているだけであった。そのような小屋の多くは婦人達を収容していたものであった。だが、それらはここで女性達が「暮らしていた」などとはとても言えるような代物ではない。というのも、各々のちっぽけな小屋の中には多数の女性が詰め込まれ、そして彼女達は箪笥《たんす》の引き出しに等しいほどの窮屈《きゅうくつ》な二段ベッドで寝ることを強いられていたからである。これらの建物の向こう側には火葬場の残骸が立っていた。それは連合国側の空爆を受けており、再建されることはなかった。そこで私達は短い宗教儀式を行なった。

シュモエル・ゴゴルはその際にハーモニカ演奏を行なうことを事前に約束していた。その理由は、アウシュヴィッツで自分の命を救ってくれたのがハーモニカであったからだ。彼の両親はまだ彼が若い頃に自動車事故で亡くなった。そして、彼の祖母は孫の世話をすることができなかったので、彼は仕方なくヤヌシュ・コルチャックの孤児院に引き取られたのであった。しかし、ある晩、ナチスによってここの孤児達が一網打尽にされる前に、コルチャック先生はゴゴルの祖母に対して、どうか彼を連れて隠れるよう説得した。しかし、コルチャック先生の計画も時すでに遅かった。彼らは、ポーランド人の「友人達」によってナチスに告発され、ついにアウシュヴィッツ送りにされたのである。ゴゴルはこの旅のあいだ中、私にくわしく話をしてくれた。

「我々がそこに着くと、ナチスは女性のお年寄りと子供達を一方の側に集め、それから、もう一方の側には働くことのできる人々を集め、二つのグループに分けた。私の祖母は死を宣告された。でも、私の方はつま先立ちになって背丈が大きく見えるようにしたら、働くことのできるグループに回されたんだ。そうでなかったら、私だって他の子供達と一緒に殺されていたと思うよ」

さらに彼は話しを続けた。

「私はハーモニカを身近に持っていることができた。それで夜になると、そっとハーモニカを吹いていることがよくあった。そうすることが唯一、私が狂人にならなくても済む方法だった。そして、ある夜のこと、突然ハーモニカが見当たらなくなってしまった。盗まれたのだろうか？　数日が経って、眠っている老人の両手に握りしめられているハーモニカを目にした。私はその老人を起こした。そして彼に対し、もしハーモニカを返してくれたら、自分の食糧割当の一週間分をあげると申し出た。これがハーモニカを自分の手に取り戻すことになった顛末《てんまつ》なんだよ」

その後しばらくして、ゴゴルの演奏技術に強い印象を受けた一人のナチス将校が、彼を「死のオーケストラ」の新メンバーとして採用した。これはあの「ロマンチックな」ナチスのもう一つの発明――他のユダヤ人達が死へ導かれている間に演奏するユダヤ人のオーケストラ――なのであった。

彼は思い出していた。

「私はこの強制収容所でユダヤ人の同胞が死んで行くことを知っていながら、目の前で次々に亡くなっていく彼らをただ見ているだけだった。それなのに、私は口に出して何も言うことができなかった。私は演奏しなければならなかったから。さもないと、私も彼らと共に死出の旅に送られてしまったことだろう。しかし、死にゆく彼らの姿を目で追うことはできなかった。それで私は目をつぶって演奏した。その時から、私はいつも目を閉じてハーモニカを吹くようになったんだよ」

彼はそうした身の上話を手短に話した。それは、まるで自分自身の心の痛みをすべて他人に押しつけるのは忍びないかのような淡々とした語り口であった。彼は強制収容所から解放されたことやその後の自分の人生について語ることはなかった。彼の思い出は、すべて彼のハーモニカの中にそっとしまわれていた。そして、そのハーモニカを彼が吹くとき、そうした思い出がハーモニカの調べとともにほとばしり出てくるのであった。

今度は目を開けたままハーモニカを演奏する、と事前に彼は約束していた。彼が奏でるもの悲しげで心にじんとくる音楽を聴いて、私達の多くは堪えきれずに声を出して泣いた。祖父でさえ涙がこぼれそうになっていた。しかし、あれから五十年を経て友人達に囲まれた今となっても、ゴゴルはハーモニカを奏でるときに目を開けることができなかった。

空路イスラエルへ帰国する際に、強制収容所の生き残りの人々は祖父に対して、口々にユダヤ人の名誉を回復してくれたお礼を言った。そしてゴゴルの番になったとき、彼は次のように言った。

「誇り高いユダヤ人として、また素晴らしい指導者を持つ自由な国家の一市民として、私を再び地獄へ連れ戻してくれてありがとう」

祖父は少し赤くなった顔に笑みを浮かべた。

今はもう安らかに死を迎えることができる、とゴゴルは言った。彼はすでに自分の人生のすべてを終えていた。そして、それからちょうど一か月後に彼は息を引き取ったのである。同じ訪問団の中にシムハ・ホルツベルクという男性がいた。ホロコーストで家族全員を失った彼にとって、このポーランド訪問は人生の頂点とも言うべきものであった。イスラエルに帰って間もなく、彼もまた亡くなった。

私も祖父に感謝した。この旅によって私の目は開かれた。それまで私には明確でなかった様々なことを私は実際に見聞きし、そして肌で感ずることができた。アウシュヴィッツを訪問した後になって、やっと私は沈黙の記憶が有している力を知ったのであった。そのときの私の反応を何とか描写しようと苦労しているちょうどその時に、出来事の中には文字どおり筆舌に尽くしがたいものがあることを私は知ることになった。あの沈黙を感じ取るために、私の友人やその他イスラエルの若者もアウシュヴィッツへ旅することができるよう私は願っている。そうすることによって、アウシュヴィッツを生き延びた人々が決して忘れることのできないことを、私達も忘れたりすることは決してないだろう。

アウシュヴィッツの生き残りの人々は、自ら体験した苦しみに縛られていたために、長いあいだ黙して語ることがなかった。なぜなら、彼らは自分達の体験談など聞きたいと思っている人は誰もいないと感じたからだ。今は「アムハ」と呼ばれる機関によって運営されている電話ホットラインがあって、そうした人々の声を伝えている。アウシュヴィッツから生き延びた人々が夜眠れないでいたり、悪夢に取りつかれたりしている場合、彼らは特定の電話番号を呼び出すことができるようになっている。この電話回線によって彼らは失った家族のことについて話をすることができるし、その亡くなった家族を救うために自分は何かできることがあったのかどうかという疑問を、声に出して訴えることができる。それからまた、なぜ自分達がまだ生きているのかについて尋ねることができるのである。そして多くの人々がこの電話回線を利用している。

ホロコーストから生き残った人々の多くが孤独を感じていることについて、私には理解できる。イスラエル建国後に生まれたサブラとよばれる私達の世代にとって、敵はもうドイツ人ではなくアラブ人なのであり、ホロコーストにかける時間はほとんどない。また、私達と同世代の人々の間でホロコーストが話題になることは滅多にない。例えば、一九六〇年代にアドルフ・アイヒマンはアルゼンチンで捕獲されると、裁判のためにイスラエルへ移送された。そして、彼は人道に対する犯罪として訴追された。しかし、その事件は私達の世代が生まれるずっと以前に起きた出来事であった。

時々、そうした過去のことが紙面を飾ることがある。一九八〇年代のことであったが、かつてトレブリンカの屠殺人と考えられた男、ジョン・ダミャーニクをイスラエルの法廷で裁くために、米国から身柄の引き渡しを受けた。エルサレムにおける裁判は七年間にも及んだ。そして誰もが驚いたことに、彼はとうとう無罪放免されたのである。多数の証人が彼であると認識したのだが、彼が本人であるかどうかの点につき疑問が残った。そして、それで十分であった。今日のイスラエルにとって民主主義や公正さを尊重することは、復讐にかられたいかなる行為よりも重要なのである。

ホロコーストは歴史の領域に属するかもしれない。しかし、それはイスラエルという一つの国家が生まれるために、私達の民族が支払った代償であった。アウシュヴィッツは将来の世代のイスラエル人が生きていくことを可能にした、死のゆりかごのようなものであった。そして、あの地上の地獄の中を進んでいった人々が語ることができないとすれば、私達は彼らの沈黙にじっと耳を傾けることを学ばなければならない。彼らには聞いてもらう権利があるのだ。こんなことが再び起こってはならないし、ユダヤ人が再び頭を垂れて殺戮《さつりく》に身を委ねるようなことが決してあってはならないということを、沈黙の声は私達に語っているのである。

7章　おじいちゃんの使節

過去二十年にわたってイスラエル人の若者がグループで海外を訪れて他国のことを学んできた。そして、恐らくもっと重要なことは、そのようなイスラエル人が他の国々の若者にイスラエルのことを知ってもらうように努めることにあると思われる。このような親善使節団の派遣は、イスラエル政府の教育省と外務省が合同で行なっている。一九九四年の二月に面接と筆記による選考試験を経て、私は世界各国へ派遣される十代の若者計六十四名の一人として外国を訪問する機会を得た。私のグループは男女それぞれ三名ずつで構成され、英国へ向けて出発した。私はイスラエル首相ラビンの孫娘としてではなく、イスラエルの十代の若者の一人、ノアとして英国に向かおうとしていた。

出発前に、私達はエルサレムで二週間の事前研修を受けた。そのセミナーの中で、私達はこれから訪問先となる国について、またそのほか質問を受けそうな事柄について事前に説明を受けた。そして、役に立ちそうなイスラエルに関する基本的な情報を得た。幸いなことに、私達は洗練された外交官であることを期待されてはいなかった。この交流プログラムの趣旨は、私達イスラエルの若者が相手国の学校を訪問し、彼らと意志疎通のできる言語で私達の国について先方の学生グループと語り合うことにあった。

私達は二人一組となって移動した。私の相棒はダン・アラドであった。幸い、私達は互いにウマが合った。最初のうち私は百二十名もの多数の学生集団の前で話をすることにとても気後れを感じた。しかし、イスラエルでの事前研修で十分に下準備ができていたし、体内のアドレナリンが活発に働いてくれたので、私はどうにか持ちこたえることができた。

ダンと私は私達の国のことや国民の暮らしぶりについて事前に準備した内容を講義調よりも、むしろ会話口調で説明を試みた。私達は伝道をするためにそこにいたのではない。聴衆を前に説明をする場合、大体においてこうしたやり方が相応《ふさわ》しいように思われた。聴衆である学生達からは、イスラエルの政治に関する質問が幾つか寄せられた。そして彼らは、私達の中に自分達とは随分異なる点を見いだして、いっそう関心を示すのであった。

「どんな音楽が好きですか？　皆さんの学校の先生方はどんな感じですか？　何歳から運転免許が取れるの？　イスラエルにも、マクドナルドやコカコーラの店があるんですか？　週末には何をして過ごしますか？　教会に行きますか？」

英国の十代の若者達はイスラエルについてほとんど知らないということが、徐々に分かってきた。というよりも、むしろ彼らのイスラエルに関する知識は間違っていたのだ。例えば、イスラエルの国土はアフリカなみの大きさであるとか、イスラエルの人々はラクダに乗って旅をするとか、みな銃を携行しているとか、みんな宗教心の厚い人達である等々、と多くの若者が想像しているようであった。私にはこうした彼らの戯画《ぎが》のような思い込みが面白いと思った。それはまるで私達イスラエルの人々が中世の時代に生きているみたいであった。

ダンと私は基本的なことから説明を始めないと、聞き手には私達の祖国について正しい理解が得られないことにすぐに気が付いた。あらゆる必要な事項をとり入れて——そして私達の文化の重要な部分を説明し忘れることがないようにするのは、私達にとって試練となった。

まず初めに、イスラエルはユダヤ人の国家であるが、これらのユダヤ人は多くの異なる国々からやって来たので、その際にそれぞれが異なる言語と文化をイスラエルに持ち込むことになった、という説明から私達は始めた。そのため私達には共通の言語として国語が必要となり、ヘブライ語が国語として採用された。ところが、それは古代ユダヤ人の言語であった。そして、当時すでに死語も同然となっていた。五十年前にこの言語が話されているような所は、世界のほとんどどこにもなかった。今日ではイスラエル人なら皆がヘブライ語を話す。もちろん、私達は現代の技術的語彙や科学的語彙をたくさん吸収しなければならなかった。しかし、私達は今では私達独自のスラングさえ持つようになっている。

イスラエルはある意味で二層に分かれた社会——すなわち宗教的な部分と世俗的な部分、新しい部分と旧い部分、伝統的なものとファッショナブルなもの——であることを説明するのは、かなり難しいということが私達には分かった。西欧諸国は遙かに均質性が高いので、そのことを彼らに理解させるのは大へんであった。こうした国々においては、十代の若者は同じ物を着て、同じ食物を食べ、同じ音楽を聴き、そして同じような教育を受ける傾向がある。一方、イスラエルでは二つの世界が併存しているのである。

西欧諸国の若者の多くにとって、イスラエルという国が現代的な民主主義国家であると同時に、他方で宗教的な国家であることをいかに可能にしているのか理解するのは難しいに違いないと思う。イスラエルには、その生活のすべてをユダヤ教の聖典であるトーラーに従って生きている信心深い人々がいる。西欧の人々が日曜の安息日を重要なものと考えているように見える以上に、私達イスラエル人は土曜の安息日を重要に思っている。贖罪の日であるヨム・キプールの期間中は、交通機関を始めラジオやテレビの放送などすべてが止まる。それは懺悔《ざんげ》と断食の一日なのである。

私達にとって聖書（旧約）は宗教的な教本であるだけでなく、ユダヤ人の歴史を記録したものであり、また同時に文学作品でもある。そして、あらゆる分野に関する知識の宝庫となっていることを、彼らに対して私達は説明することがよくあった。

それから、若い聴衆が退屈になりそうなときは、その前に私達はイスラエルの別の側面、すなわち私達が属している現代的で西欧的な側面について彼らに思い起こさせるようにした。そう、私達は映画館や劇場や素敵なレストランへ行く。それから賑やかなカフェにも出入りして、そこでコカコーラを飲んだり、軽食をとったり、うわさ話をするのである。私達は最近の音楽に合わせてダンスを踊るのが好きだし、テレビのMチャンネル（音楽番組専用）を見る。また、流行のファッションに身を包んだり、夜遅くまで外出もする。

「皆さんとまったく同じですよ」と私達はよく言ったものである。

さらに、イスラエルについて公の場で話をする前にいろいろと準備をしたことによって、思いがけず、自分が様々な矛盾を抱えた国土に生きていることがよく分かった。すぐれた遠隔通信手段のおかげで、電話会社は「嘆きの壁」の近くにファックスの機器を設置した。毎年何千人もの人々がやっているように、本人が実際にここへやって来て、この神聖な壁の裂け目にいる神に向かって祈り、ないしは願いごとをしたためた紙片を置く代わりに、今日では世界のどこからでもファックスによってメッセージを送ることができるようになっている。電話会社の従業員が依頼人に代わって神聖な壁の裂け目にその人のメッセージを置くことを請け負うのである。同様に、テルアビブには前面がガラス張りのモダンな建築物があり、そこから程遠くない所に古代の石造りの都市エルサレムがある。ヘブライ語は私達の公用語であるが、通りに出ると、人々が話すロシア語、英語、スペイン語、ギリシャ語、それからもちろんアラビア語も聞こえてくる。

ところで、「なぜ軍務に就くのか？」という質問を私達はしばしば受けた。

この点が私達と英国の十代の若者達との間で大きく異なるところであった。兵役義務は英国においては一九五〇年代に廃止されている。そういう背景があって、英国の学生が高校を終えてもすぐに大学へ進学しないで一年間世界を見て回ったりすることがある一方で、私達がみな軍務に就くことが彼らにはいささか奇妙に映ったのである。

「男子は現在、二年八か月間の兵役に就き、女子は一年五か月です。皆さんは驚くかもしれませんが、私達にとって軍に入隊するのは何でもないことなんです。軍隊に入ることで自分達の心身の成長が促進されるし、私達にとってはこれからの人生で自分は何をやりたいのか考える時間ができるんですから」

と私は言った。

軍隊では自分が従事することになる軍務に選択の余地があることを、彼らに説明した。私の場合は学校ですでに履修した分野でもあったので、広報関係の仕事を希望した。

「それから、私達は断じて銃を脇に抱えて眠る、血に飢えた兵士なんかじゃありませんよ」

と私はよく言ったが、そのたびに聴衆の間に必ず笑いがこぼれた。

「私達はライフルの使い方はもちろん習いますが、応急手当や一般的な知識、それからとりわけ軍の規律についても学んでいるのです」

軍隊は国家として私達若者が一堂に会する機会を与える一つの手段であることも、私達はしばしば強調した。

「イスラエルはこのように異なる出自を持った人々の坩堝《るつぼ》のようなものですから、軍隊はイスラエル人に共通のアイデンティティーを植え付ける鋳型《いがた》のような機能を持っているのです」

「ユダヤ人とイスラエル人の正確な違いは何ですか？」

「キリスト教徒やイスラム教徒が世界のどこにでもいるように、ユダヤ人も世界中にいるのです。しかし、イスラエル人はイスラエルに住んでいます。でもイスラエルにおいてさえ、ユダヤ教徒のイスラエル人、イスラム教徒のイスラエル人、キリスト教徒のイスラエル人、さらに無宗教のイスラエル人さえいるんですよ」

と私は答えた。

それはいささか奇妙であった。私は英国人の若者達の生活ぶりについてかなり多くのことを知っているつもりであるが、彼らの方では私達のことをまったく知らないようだと私は感じた。私達はそういう場合に備えて、あらかじめ準備をして臨んでいた。しかし、今では親善使節であることには大へんな忍耐力が必要であることを私は実感した。

ダンと私は聴衆に対して、イスラエルがいかに小さな国であるかを明確にすることは特に重要であると考えた。このような方法によってのみ、彼らはイスラエルの地勢上の脆弱《ぜいじゃく》さを理解できたのである。そして、そのことは何故イスラエルが結果的に隣国との間にしばしば戦火を交えることになったのかについて、彼らの理解を得るのに役立つこととなった。

私達が好んで使った手はごく単純な方法であった。その場の状況が許すなら、イスラエルと中東諸国の地図を広げて、イスラエルの場所を指し示すことであった。

私はよくこんな風に言ってみた。

「イスラエルの国土はウェールズと同じぐらいの大きさです。でも、人口はロンドンの半分しかありません。ですから、ウェールズほどの面積のところに、ロンドンの人口の半分が住んでいると想像してみて下さい。そこがイスラエルといった感じですよ。私達の国には山々もあれば、浜辺もあります。冬には朝、スキーができます。そして車で六時間も走ると、午後には浜辺で日光浴ができるんですよ」

「さて、皆さん。世界地図を見れば、イスラエルの周りのアラブ諸国全体でアメリカ合衆国の広さに匹敵します。そこで、ウェールズに注目して両者を比較してみます。まるで合衆国がウェールズを取り囲んで威嚇《いかく》しているみたいですね。それがまさにイスラエルの国土は本当にちっぽけで、無防備で危険にさらされていると私達が感じ、そして自力で国土を守る体制にならなければならないと感じる理由なのです」

イスラエルを出発するとき、この旅は静かな旅になると思われていた。だが、そうではなかった。ロンドンに到着した翌日の朝、自宅から私達のもとへびっくりするような知らせが入った。そして、そのニュースは英国のあらゆる新聞の見出しを飾った。

一九九四年二月二十五日、極右の戦闘的なグループ「カハ」のメンバーのバルーフ・ゴルトシュタインがヘブロンにある「族長達の墓」に進入し、ラマダンを祝っていたイスラム教徒の参拝者達に発砲した。四十人を超える人々が死亡し、さらに多数の人々が負傷した。

ヨルダン川西岸地区の町ヘブロンは地球上で最も古い町の一つである。そして、その丘の斜面には「族長達の墓」が建っていた。この墓はユダヤ人にとっても、イスラム教徒にとっても同様に聖なる場所である。その墓のある場所では埋もれた古代のユダヤ教会の上にイスラム教のモスクが建てられた。そして一九六七年の六日戦争のとき以来、その二つの宗教はこの寺院に接近してきた。しかし、ユダヤ人とイスラム教徒を結びつけた場所にあるにもかかわらず、その寺院は双方の過激派の間の緊張の根源であった。一九六七年にヘブロン地域をイスラエル側が再び奪回して以降、イスラエル兵士がそこをパトロールするようになった。そしてインティファーダが起こってからは、イスラエル発行のプレートを付けた車が投石を受けずにここを通過することは難しくなった。ヘブロンはユダヤ人とイスラム教徒、イスラエル兵士とアラブの若者との対決が繰り返される舞台となった。

しかし、今起こったことは信じられないことであった。これはアラブ人とかユダヤ人とかの問題ではない。無実の人々の大虐殺であった。

じきにヘブロンで暴動が起きる事態となって、アラファトは国連安全保障理事会の緊急会議の召集を呼び掛けた。そして和平の話し合いは危機に瀕した。

祖父は精神的にひどい打撃を受けた。そのような殺戮《さつりく》によってイスラエル人である自分がどんなに恥ずかしい思いをしているかを、祖父は私に語った。

しかし、私は何をしようとしていたのだろうか？　金曜日の祈りを捧げている最中のアラブ人のグループに対して、なぜ狂った一人のイスラエル人が発砲したかについて、英国の若者達に私はどう説明しようとしていたのだろうか？　その時に祖父がどんな心境にあったか私にはよく分かった。しかし、私には祖父と同じ言い回しはできなかった。私は今、外交官の立場にあった。私には、イスラエル人であることが恥ずかしいという一言さえ言えなかった。私は彼らの前で説明をしなければならなかった。

「和平プロセスを止めるためには、何だってやってしまうような気違いじみた人達はアラブとイスラエルの双方の側にいます。パレスチナ人の過激派はパレスチナの地にユダヤ人のいないイスラム教徒の国家を創りたいし、一方、イスラエルの過激派は、パレスチナ人が権利を主張するちょうどその場所には聖書に基づく自分達の正当な権利があると感じています。双方の不満分子は、それぞれの国家とその国民の権利を認めたものである和平プロセスをつぶすために戦うのです。和平の価格というものは、相互の和解と譲歩から成り立っているのです。そのように私達が確信するならば、私達は過激派の思惑どおりに成功させるわけにはいかないのです」

と私はよく彼らに言った。

その時に私は自分が決して有能な政治家になることはないと悟った。私は自分が行なった説明を大へんもどかしく思った。そして世界の人々の目にイスラエルが良く映るように望んだ。

しかし、一方で自分に正直でなければとも考えた。率直に言って、私達が会った英国人と政治論議をするのは難しいと感じたのを認めざるを得ない。

「とにかくだよ、他国を占領するような民主的な国って何なの？」

こんな質問を一度だけ私達は受けた。その際にダンは次のように説明した。

「一九六七年の六日戦争を戦ったときの考えは、他国の領土を占領することではありませんでした。我々は自国を守らなければならなかったのです。そして、占領政策は結果としてそうなったものなんです」

私はそれに付け加えた。

「でも、イスラエルは既に部分的に撤退をしているし、その他の占領地についても返還の交渉を行なっています」

和平プロセスに立ち返ることのできなかった以前の訪問団のメンバーにとって、イスラエルの善意を彼らに表明することはもっと難しかったに違いない。少なくとも、今はイスラエルの側が譲歩できる状況になっているので、彼ら英国の学生は私達に対して以前よりも同情的であるように思われた。しかし、依然としてダンと私はきわどい局面に立たされていた。

ロンドンのイーストエンドにある学校を訪問した時のことであった。カトリックの少年が私達をとっちめてやろうと手ぐすね引いて待っていたのを私は憶えている。彼は質問のリストを持参して、それで私達に論戦を挑んできた。

「どうしてレバノンに侵攻して何千人もの人々を殺したの？　ガザ地区の大学を少なくとも三十回は閉鎖したのはなぜですか？……」

彼は家でよく調べていた。私達は彼の質問の一つ一つに答えていった。

「レバノンでの戦闘はひどいものでした。そのために多くのイスラエル人の間で意見の分裂が生じました。しかし、イスラエル北部のキブツや村々はレバノンからのロケット砲の攻撃にさらされました。私達は戦いの準備などしていなかったので、何もできなかったのです。私達には平和に暮らし、働く権利があるのです」

その少年は根っからの反シオニストであったが、怒り出して私達と議論をするというよりも、まるで個人的な喧嘩になるのを望んでいるかのようであった。彼には私達が答えた内容などどうでも構わないように感じられた。その少年の主張はこうであった。

「君たちは、どんな権利があってこれらの土地を奪わなければならないの？　僕は聖書に出てくる土地のことなんか言ってないよ。君達は宗教心さえ持ち合わせてないんだろうから」

正直に言えば、その時に私達に付き添っていたロンドンのイスラエル大使館の方が身をかがめ、そっと囁いてくれたので、私はほっとしたのであった。

「彼に対して『自国の歴史を勉強して下さい。書物の索引のBでバルフォアを探し、一九一七年十一月二日のバルフォア宣言の項目を読めば、その答が見つかりますよ』って言ってみたら」

英国政府がユダヤ人に対して、パレスチナの地に「国土」を約束したのがこの文書なのであった。

私としては、英国民の中に敵は作らなかったと思いたい。私は確かに多くの友人を得た。私がイスラエルの家に戻ったとき、祖父は私に英国での印象を尋ねた。しかし、私は本職の大使による首相への真面目な報告の代わりに、英国での楽しかった出来事を話した。そして、政治的な討論のことは話さなかった。

「英国の食物は何か食べてみたかって？　ありがたいことに、マクドナルドの店がいっぱいあったわ」

私がそう話すと、祖父はその小さな大使に向かって思う存分に笑った。

私が英国へ行っている間にテルアビブで大規模な平和集会が開催され、五万人を超えるイスラエル人やアラブ人の若者達が集まった。この集会は非常に重要な意味を持つ集会であった。なぜなら、これが契機となってヘブロン大虐殺の後の和平会議の開催に結びつくことになったからである。しかし、ヘブロンの状況は依然として難しい局面にあった。イスラエル軍兵士は武装したイスラエル人入植者に対する発砲が許可されており、外国人のオブザーバーが監視のためヘブロンに派遣されていた。そして、テロリスト集団のハマスは、既にガリラヤ地区でイスラエル人七名を報復殺害していた。しかし、和平会議は再開されていた。祖父とアラファトの双方とも和平会議を壊したくなかった。

当時、祖父は信じられないほど多忙を極めていた。彼が今どこにいるかを知るだけのために、私達家族の者はテレビを見なければならなかった。例えば、ある日に彼がモスクワにいたと思ったら、翌日はヨルダン川西岸地区に、そして、その日の夕方には国会に姿を現すという具合であった。彼は決して一つところに留まることはなかった。

新しいパレスチナ自治国家の一部となるガザとエリコの境界線のことでアラファトと交渉するために、祖父がカイロを訪問した時のことを私は憶えている。双方の代表団はすでに合意に達していた。しかし、祖父は調印することをまだ躊躇《ちゅうちょ》していた。彼は科学者の力を借りて、一時間ばかり地図を詳しく調べた。彼の心中は複雑だったのではないだろうか？　ガザ地区は細長い形をした砂漠地帯にすぎない。しかし、そこはサムソンが亡くなった所である。また、エリコははるか遠い昔からユダヤ人の歴史を形成してきた。そして、ついに祖父は署名した。それから二か月後のガザにパレスチナの旗がたなびいていた。その数日後には同じ旗がエリコの町にも見ることができた。

それは大きな意味を持つ瞬間であった。なぜなら、ワシントンで調印された基本原則の宣言によって、初めて根拠に基づいて状況が変わったからである。これはパレスチナ人にとって、イスラエルが和平を切望していることの証明であった。そしてまたイスラエル国民にとっては、和平プロセスがしっかりと軌道に乗り始めた証拠であった。

好むと好まざるとにかかわらず、私はこれまで常に「ラビンの孫娘」であった。私はガードを低くすることはできなかった。私の友人達の中にはよく私をからかって、もし自分が首相の孫娘だったなら、きっと家族のつながりをうまく使って特別な恩恵にあずかるよ、などと言う人もいた。しかし、それは私の考えとは違った。私はただひたすらノアであろうとした。だが一方で、自分の祖父が誰であるか忘れたいなどと思うことはできなかったし、また、そう思いもしなかったけれども、他の人たちには私の祖父が誰であるか忘れてほしいと切に思った。

英国への旅が終わってイスラエルに戻ってくると、親善使節としての私達の体験に関して、私はイスラエルの有力紙イエディオット・アハロノットのインタビューの申し入れを受けた。私にはそうする義務はなかったが、私自身がこの旅に深く関わったように感じていたことや、そうすることでイスラエルの若者が関心を寄せてくれるのではないかと考えたのである。そのようなわけで、私は積極的にこのインタビューを受けることにした。ところが「私は祖父よりも左寄りである」という新聞記事の見出しによって、私は思わぬとばっちりを受けることになった。私は直接に批判されることはなかったけれども、誰それがこんな風に言っていたと、あれこれと私に知らせてくれる人達もいた。例えば「彼女はフェミニズムのことをしゃべっているけど、自分の祖母がフェミニストではない場合に、自分自身をフェミニストとみなすことができるだろうか?」という具合であった。

私は悩んだ。もちろん、私が「誰それの孫娘」でなかったなら、そもそもインタビューなど求められることもないのは分かっていた。また、さらに同様の理由で、私は単にノアとして自分の話を聞いてもらい、そして判断してほしいと思っていた。私は家族全体が裁判にかけられるみたいな状況になるのを望んではいなかった。

祖父にこの出来事について話してみたら、いつもどおりの理性的な言葉が彼の口をついて出てきた。

「ノア、すべての人々を喜ばせることなんてできはしないことを、君はいつになったら分かるんだい？　そんな批判など勝手に言わせておけばよいのさ。もし君自身が怒っている素振りを見せたなら、それはただ、そんな連中を元気づけるだけなんだよ」

学校の先生方は私に多くのことを期待しているように思われることがしばしばあった。――あるいは、少なくとも彼らの口ぶりからはそのように思われた。時事問題のクラスの授業でよくこんなことがあったのを憶えている。先生方の中には授業の初めにいつも「ここにはイスラエル首相の孫娘がいるけれども、みんなは戸惑ったりすることなく、気楽に自分の意見を発表しましょう」とおっしゃる方々がいた。しかし、明らかにこうした先生方の言葉は逆効果を生んでいた。すなわち、級友たちの視線がいっせいに私に注がれる教室の中で、当惑したのは私であった。その授業で、最初のうちはこれ以上みんなの注意が自分に集まるのはかなわないと思って、私はだんまりを決め込んだ。それからしばらくすると、私は徐々にリラックスし始めた。そして、いつも私は自分の意見を発表しないではいられない気持ちになっていた。授業で取り上げられた内容がイスラエル政府の関係する事案ならば、私はいつも可能な限りその論議の中で特定の問題に責任のある省庁の大臣の名を具体的に挙げるようにした。他に該当する人物がいない場合に限って、私はイスラエル首相ないしは国防大臣に言及した。しかし、私にはそんなことをするのは決して気分のよいことではなかった。

私は偽善者は嫌いだ。私は人々の言動の動機は何であるか、また私のいないところで他人が私のことを何と言っているかいつも気になる。祖父が首相であったとき、私は自分が尊大で小生意気な女の子にはなっていないことを示そうとして躍起になっていた。しかし、私自身のためを思って人々がそんな私を受け入れてくれなかったとき、私はひどく傷ついた。そして、私は次のような祖父の助言を思い起こすよう自分に言い聞かすほかなかった。

「ノア、他人が君のことを何と言おうが心配しては駄目だよ。特にその人が君のことを知らない場合はね」

祖父はもうずっと昔に、すべての人々を喜ばせることなどできはしないこと、とりわけ政治家の場合にはそれが当てはまることを学んでいた。新聞報道や国会で攻撃されたとき、彼は無関心を表すしるしとして、よく手を振って対応していた。それはあたかも次のように言っているようであった。

「自分のやっていることを自分がよく理解している限りにおいて、問題はないんだよ」

そして、実際に彼はいつもそのように行動した。彼は称賛とか名誉を求めることに熱心な政治家ではなかった。何よりもまず彼は兵士であって、その関心事はイスラエル国民の福祉と安全であった。そして彼はその点に関していつも首尾一貫した行動を取っていた。それはテレビでも、国会でも、街頭でも同様であった。彼の和平政策に反対して抗議する怒れる入植者の長い行列の横を彼が歩いて通り過ぎようとしたとき、ジャーナリスト達が彼の後を追いかけて行ったのを私は憶えている。ラジオ放送局のリポーターが彼に質問した。

「ラビンさん、彼らに話したくないんですか？」

「私は関心ないね。彼らのことは忘れることにしますよ」

と祖父は答えた。彼は入植者の立場を分かっていた。

私はもっと祖父のようでありたい。他人からの私自身への批判に対して、もっと気にしないようになりたい。祖父と私が話をしているとき、私は自分に向けられたゴシップに対して自分がどう反応したかを隠していることがよくあった。

「ねえ、おじいちゃん！　誰それが私のことを尊大だって言ってるのよ。馬鹿ばかしいわね」

「まったくだねえ」

と祖父はよくそんな風に答えていた。

しかし、私には自分が「ラビンの孫娘」として知られていることがまだ悩みの種であった。私は祖父の孫であることを誇りに思っていた。しかし、私達の私的な部分である家庭生活まで公の場にさらしたくはない。物事には友人達と語り合うことのできる場合もあれば、家庭の中だけで議論するものもある。しかし、私のことを知らない人々にとって私はラビンの孫娘であり続けたし、彼らの見解では、私はいつも自分を公衆の面前にさらし続けたことになる。

だが、祖父と私の立場が逆転するようなこともあった。それは私が十四歳で、米国マサチューセッツ州に住む祖父母の友人達と過ごした時のことであった。私は祖父母よりひと足先に現地へ到着すると、そこの人々と会っていた。その後に祖父が現れたとき、彼はみなに「ノアのおじいさんです」と紹介された。もちろん、祖父はこんな紹介のされ方を面白がっていた。私はしょっちゅう「ラビンの孫娘」であると言われることがどんな感じであるか今に分かるから、と祖父に言った。

高校には私とすれ違うときにいつも私の方を指さしながら、その友達にひそひそ話をする女の子がいた。ある日、その子は私にいつものような反応を示さなかった。それで私は自分の方から後を振り返って彼女に話しかけた。

「あらっ、あなた今日は私のことを指さすのを忘れたのかしら」

祖父なら私のそんなやり方に賛成しなかったのではないかと思う。そして、彼ならたとえ私が尊大だと思われる危険があっても、そんなもの無視してしまいなさいと言っただろう。少なくとも、それが物事への彼流の対処の仕方であった。

一九九五年九月のある夜のこと、イスラエルの国会は和平プロセスの第二段階について論議を重ねるうちに、いつしか早朝になっていた。その場にいた国会議員はどの人も叫んだり、論争したり、侮辱の言葉を放ちながら議場内のあらゆる方向に向けて口角沫《あわ》を飛ばしてアジ演説を行なっていた。テレビを見ていた私達のような者には、そんな光景はサーカスを見ているようであった。

その同じ日の夕方、シオン広場において政府の和平プロセスに抗議するために行なわれた右翼による集会には、リクード党員をはじめ反対政党の議員も参加していた。扇動的なスローガンを叫ぶデモ参加者は、「ラビンは裏切り者」と書かれた横幕やナチス親衛隊将校の制服を身につけた祖父を模したポスターを掲げていた。

イスラエル国会議長シェヴァフ・ヴァイスは、そのような状況を見過ごしてはいけないと感じた。そして、憎しみを煽りたてる者に対する非難決議を議会は採択すべきであると決断した。しかし、それが可能になる前に、彼はリクード党首のベニヤミン（通称ビビ）・ネタニヤフに対して自党の立場を弁護する機会を与えなければならなかった。そのわずか数時間前にシオン広場に面したバルコニーからその集会の様子をじっと見つめていたネタニヤフであったが、彼は発言するために起立した。

彼が意見を述べている間、祖父はゆっくり立ち上がり、議場の外へ歩いていった。テレビカメラは議場の外のホールでタバコを一本静かにくゆらす祖父の姿を追った。ネタニヤフのスピーチが終わったとき、祖父はタバコを押しつぶすと議場内に戻ってきた。だが、祖父は自分の席に着くのを拒否して、議場の床の上に設置されたマイクロフォンで話を始めた。

「今、話をしてもいいですか？　わざわざ演壇に上がらなくても、ここで構いませんよ」と祖父は国会議長に対し穏やかに尋ねた。

それから祖父はネタニヤフの方に向かって、きっぱりと言い放った。

「嘘はもうたくさんだよ！　ゲームはテーブルの上で正々堂々とやろうじゃないか。偽りの融和という名のもとに、この国をばらばらに分裂させるのはもう止めにしようじゃないか。そんなものはもういい。偽善者どもはもう沢山だよ」

そこでやっと祖父は席に着いた。テレビを見ていたヨナタンと私は声援を送りたかった。祖父は堂々として素晴らしかった。

あの夜に起こった出来事の正確な結末は憶えていない。しかし、論争に決着がついたとき、時刻は午前三時か四時になっていた。ある問題でシモン・ペレスも発言した。そして彼は鮮やかな口調で右翼議員諸氏を軽くあしらった。ヨナタンと私が大笑いしたために、私達の両親は目が覚めてしまった。昔から労働党内のライバルでもあった祖父を加勢するために、ペレスが飛び入りで論争に加わる姿も素晴らしい光景であった。

今なお、私は「ラビンの孫娘」として知られている。しかし、私にはもうそれは気にならない。祖父と首相のそれぞれの輪郭ははっきりしなくなった。私の知る家庭での祖父は、和平に生命を捧げた男と別人ではなかった。私は彼を愛し、尊敬し、すがりついた。なぜなら、彼は私の祖父であったから。しかし、今もし私が祖父を失って心底寂しいと思うとすれば、それは彼が私の総理大臣であり、保護者であり、そして私と同世代の若者すべてが未来に希望を託して生きていくことを可能にした人物であることが、私にはよく分かるからである。

8章　和平のために手を携えて

私はすぐに和平という考え方に慣れた。でも、不思議なことに和平の輪郭がまだはっきりと見えないうちから、私は和平を目指すのは当然のこととして考え始めていた。私の頭の中では、和平の前途に立ちはだかる障害物に注意を怠ってはならないと、常に警告を続けていた。そして自分の考えは間違っていないことを思い起こすのが危うくなる瞬間がしばしばあった。しかし、私の和平への思いはもっと烈《はげ》しかった。私は現状とは異なる「ノーマルな」イスラエルに住みたいと切に願った。

祖父の和平への意志は常に試練に立たされていた。一九九四年六月、イスラエル空軍は度重なる挑発に対する報復として、レバノン南部のベッカー峡谷において親イランの組織ヒズボラによって支配された軍事基地を爆撃した。これによって、国際社会からのありとあらゆる抗議を浴びることになった。しかしながら、これは一方でダマスカス（シリアの首都）に対してメッセージを送る方法でもあった。そして、実際にその効果を生んだ。レバノンにおけるアラブ側の軍事行動について影響力を行使していたシリアが、ヒズボラに対する統制を強化することによって反応を示した。

その翌月の七月十八日にアルゼンチンのブエノスアイレスでは、大きなユダヤ・コミュニティー・センターとなっていた「アルゼンチンイスラエル相互協会ＡＭＩＡ」の入っているビル建物が爆破され八十五人が死亡した。続いて七月二十七日にはロンドンのケンジントン地区でイスラエル大使館のちょうど向かい側にある「ユダヤ統一アピールＵＪＡ」の事務所の外で爆弾が破裂した。これら二つの爆破事件では、和平プロセスに反対する親イランのテロリストグループが非難を浴びた。

ＰＬＯとの交渉は継続して行なわれていた。しかし、イスラエルの極右勢力とパレスチナ人過激派ハマスの双方が、和平交渉を難航させるためにやれることなら何でもやっていた。ハト派の人々はすでにどうにか行動を開始していたが、このとき彼らはあらゆる勢力から集中砲火を浴びた。

祖父は昼夜ぶっ通しで仕事と移動の旅が続き、疲労困ぱいしていた。ある時のこと、祖父は今にも倒れてしまうのではないかと思われた。そこで、祖父は主治医から鎮静剤の投与を受けた。祖父はそれから目覚めることなく十四時間ずっと眠り続けた。これをもって新聞や野党であるリクード党の政治家達は、祖父はもう朽ち果てたと言い始めた。祖父の反対勢力は彼がもう衰弱しており、歳も取っているので国を統治することができないと主張した。彼らは一般の人々に向かって、一九六七年の六日戦争の最中にも参謀総長であった祖父が疲労に襲われていたということを思い起こさせようとした。そして歴史は今また同じことを繰り返そうとしていると言った。しかし、祖父は少しも朽ち果ててはいなかった。歳は取ったが、以前よりもかくしゃくとしていた。彼はただ素直に主治医の指示を受け入れて眠りについていたのであった。

和平のプロセスは止まってはいなかった。一九九四年七月二十五日に祖父はヨルダンとの間で新たな和平宣言書に調印するために、米国のワシントンを訪れていた。両国とも国境を開き、直通の電話回線を開設し、電気の送電網を接続し、お互いの警察隊の間の協力関係を促進し、それから相互の経済交流を指向することに合意した。しかし、重要な点は、この合意によって四十六年間にわたって続いていたこの隣国同士の敵対関係に終止符が打たれたことであった。

この協定書の調印に関しては、その後に締結されることになるアラファトとの調印の時よりも和やかな雰囲気に包まれた式典となった。分厚い眼鏡をかけた祖父と白いひげをはやしたヨルダンのフセイン国王は、互いに温かい微笑を交わした。よく似た二人の族長は、それぞれが過去に行なった相手への非難を忘れることのできる幸せを感じるとともに、全世界が二人に対して期待していることを互いに実行する用意ができていた。

二週間後、祖父はイスラエルのリーダーによる最初のヨルダン公式訪問を行ない、アカバにあるフセイン国王の海浜の夏季宮殿で会談を行なった。もうかれこれ二十年もの間、お互いによく知った仲であることを祖父がリポーター達に打ち明けるまで、この二人がずっと仲良くやっていたのは驚くべきことのように思われた。これまでにも二人は密かに会っているという噂は流れていたが、これでそれらの噂が事実であったことがとうとう裏付けられることとなった。

一九九四年十月二十六日、ヨナタンの二十歳の誕生日の前日に、フセイン国王はイスラエルに迎えられた。この時に両者はワシントン宣言を履行するための和平協定書に署名した。この式典の重要さを示すものとして、十二人の外国の首相、外交官、実業家、ユダヤ教やイスラム教の宗教指導者とともに、米国のクリントン大統領夫妻も出席した。式典はヨルダン側の町アカバとイスラエル側の町エイラットの新しい境界線を示す標識柱のあるアラバ交差点で行なわれた。ここはほんの数日前まで、まだ地雷で封鎖されていた場所であった。「ヨルダン方面」と書かれた最初の道路標識を目にして、私は心が躍った。

祖父はこの式典に他の人々と一緒に私も招待してくれたので、祖父が和平協定書へ署名する場に、私は初めて立ち会うことになった。その交差点は風船や旗で飾り付けられていて、楽しいムードに溢れていた。イスラエルの若者やヨルダンの子供達が、旗を振って両国の高官らを迎えた。式典が行なわれたときは午後の一時で、大へんに暑かった。イスラエル当局者はプラスチックボトルに入った水を用意してあったが、空になったボトルは折からの風に吹き飛ばされて、砂漠地帯の砂礫の上に散乱した。強い日差しを避けるために、祖父は外交儀礼を破って頭に白い野球帽をかぶった。しかし、その帽子はどう見ても彼の着ているダークスーツにマッチしていなかった。

私は家族のみんなと一緒に式典用の演壇上の席についた。私達の席は祖父、フセイン国王、その他の高官達から少し離れていた。(私は多分テレビなら彼らをもっとよく見ることができたはずだし、それに間違いなくこの暑さは避けられたと思う)。祖父のスピーチに私はとても感動した。そのスピーチの内容について、私は部分的に空で言うことができる。

「お早うございます、ヨルダンのお母さん方。そして、イスラエルのお母さん方もおはよう。今日という日はこれまでの日々とは違って特別な日なのです。本日は平和に因んだ日でありまして、皆さんはご自分のお子さんをこうして平和な世界に連れてきています……。より良い未来をただ夢見るだけではなく、それを実現する時が今まさにやって来たのです」

私達が歴史的な瞬間に生きていることを、ヨルダンのフセイン国王も認識していた。

「これは厳粛なる平和であります。公約した平和であります。そして、現在に生きる人々やこれから生まれてくる世代への我々の贈り物なのです」

多くのアラブ諸国による敵対行為にもかかわらず、またハマスのテロリストによる爆弾テロやヨルダン川西岸地区のイスラエル人入植者による反政府抗議行動にもかかわらず、和平への着実な歩みは私達の精神的な支えとなった。平和という名を冠して催されたファッション

ファッションショーに招かれた祖父と私

ショーだってあった。ファッションショーが行なわれて、どこがいけないだろうか？　和平の到来は旅行者がもっと大勢この地を訪れ、外国からの投資は増加し、そしてビジネスが活発になることを意味した。パリやニューヨークでファッションショーが開催されるなら、このイスラエルではどうして駄目なのか？

祖父は一九九五年の夏にテルアビブ市から北方へ車で四五分ほどの所にあるカイサリアで催されたファッションショーに招かれた。その当時、祖母と母があいにく不在であったため、祖父は私を誘ったのであった。私は喜んで同行した。夕べのひと時を人だかりの中で過ごせることを考えると私は楽しかった。ショーが始まる前に祖父は簡単なスピーチを求められた。彼は当然ながら平和について話をした。しかし、また一方で彼は聴衆に対して、恐らくは自分よりもファッションのことについて知っていると思われる孫娘が付き添っていることを話した。祖父はリラックスしていて、次々とモデルたちが登場してくるのを明らかに楽しんでいる様子であった。ところが、彼は女性のファッションのことなどほとんど知らなかった。そのために私は祖父から質問攻めにあった。

「そのデザイナーは誰なの？」

「ジャンポール・ゴルティエよ……」

「む、む……うーん。彼の衣装は本当に変わってるねえ……ご婦人方は本当にあんなものを着るのだろうか？」

私はファッションショーで見るオートクチュール（高級ファッション）のドレスを街中で着用する女性などまずいないことを祖父に説明したのだが、彼は依然として戸惑った表情をしていた。

「私の孫娘があんな衣装を着ているところなんか見られたくないなあ」

と祖父はにっこり笑って、ささやいた。

その数か月後の九月、ユダヤ教のローシュ・ハシャナー（新年）を祝うために、私は黒のロングドレスを着用したのであるが、この衣装の素材は私の両肩や胃の部分が透けて見えるかなり大胆なものであった。特にリングは以前、高校を卒業したときにお腹のへそに通したことのある代物であった。祖父は愉快そうな表情でそのドレスを見ていたが、彼の目はちょっとそれには賛成しかねるんだが、と言っているようであった。

「どれ、おじいちゃんはノアのドレスを制作したデザイナーに会ってみたいもんだね。本当に会ってみるよ」

と祖父はあいまいに言った。

このとき私は今一度自分が単に挑発的に見えるノアであるだけでなく、一方でイスラエル首相の孫娘なのだったと思わずにはいられなかった。

何ごとにつけ自分のやろうとすることに家族が支援してくれていると、私はいつも感じた。しかし、たとえ祖父母や両親が私のことをよくやったと思ってくれたとしても、自分としてはもっと上手《うま》くやれるのにと思った。「何にもまして自分に正直でありなさい」。これは祖父が教えてくれた教訓であった。

家族の誰もが知っていることなのだが、私自身は整理整頓がうまくできず、うっかり者で、不器用ときている。私が台所に入っていくと、よく祖母か母からこんな言葉をかけられたものだった。

「ノア、自分の部屋で何かやることがあるんじゃないの？　それとも居間だったかもしれないけど」

私が作ることのできる唯一の料理がパンケーキであった。そして、そんな簡単なものでも、料理をした後の台所はごちゃごちゃと散乱した跡を残していた。私は友人のシャロンのことをいつも羨《うらや》ましいと思った。というのも、彼女は自分のやることは何事でも几帳面であったからだ。それでもなお私には救いがあった。それまでヨナタンはいつも乱雑にしていたからだ。しかし、そんな彼も軍隊に入るときには、もうそれまでのやり方を改めていた。

軍隊からの招集日が近づいてきたので、私は軍のラジオ放送局で働きたいと心に決めた。こちらの希望が受け入れられるという保証はないが、軍の規則によれば新兵は自分の配属先として特定部門を希望することができる。軍では配属された新兵が時には配置換えとなることもある。私の場合は軍のラジオ放送局に勤務することしかほとんど眼中になかった。その他の仕事は考えられなかった。それで、私は五時間にわたる筆記試験やその後に行なわれる二回の面接にパスするよう慎重に準備をした。だが、大へんな競争であることが分かった。将来、コミュニケーションの分野で身を立てようとする人々にとっては、その足場固めに恰好の場になると考えられたので、軍の中でラジオ放送局の職務は希望者が集中する部門の一つとして知られていた。

たとえ軍の放送局に私が受け入れられたとしても、私の合格は縁故採用によるものだとする人がいることを私は承知していた。軍隊では私がどこに行こうが、また何をしようが、成果があればそれは祖父が首相であるだけでなく、軍の参謀総長でもあったという事実に結びつけたがる人がいる。私はそんなことは気にせずに自分が本当にしたいと思う仕事に志願するために気持ちを集中した。

長期にわたる募集受付期間が終わると、私はただじっと待っているよりほかなかった。しかし、遺憾ながら私の希望には添えないという軍の通知が自宅に届いてからのまる二日間、家族は敢えてそのことで私に話しかけることはしなかった。とうとう母は沈黙を破って私に伝えた。

「ノア、軍の放送局は駄目だったようね」

私はひどく落ち込んだ。私は自分のベストを尽くして試験に臨んでいた。しかし、それは明らかに十分なものではなかった。私はあの仕事に希望を託した。だが、手に入れることはできなかった。それから何日間も私は不機嫌な顔をしてほっつき歩いた。とうとう見かねた祖父がこの問題を切り出した。そして、彼は私に自信を取り戻す道を見いだしてくれた。

「ノア、何も世の終わりが来たわけじゃないんだよ。そのうちに良いことだってあるさ。今回うまくいかなくて、それは残念だったね。でも、君は何かを見つけると思うよ。おじいちゃんの言うことが今に分かるさ」

と祖父は優しい声で私を慰めてくれた。

それまで自分が過剰に反応していたことが分かった。また、プライドを傷つけられた私は腹を立て動揺していたのだと悟った。そして幸いなことに、その後に軍の新聞「バマハネ」の仕事に応募したところ、私は採用されることになった。

一九九五年の三月に私は十八歳になった。しかし、私はこの間の経過についてじっくり考える時間がなかった。学校のドラマの授業の最終試験の方に気持ちが集中していたからだ。私はエイズによる犠牲者について書かれた「天使のパレード」というビル・ラッセルの劇で監督兼役者をしていた。十人の配役のうち、私は二役を演じた。一つは患者の世話をしている間にエイズ・ウィルスに感染した看護婦の役。もう一つは本当に大へん悲惨な人生を送った婦人の役であった。この人物は父親から虐待を受けた経験を持つ人であったが、三度結婚して麻薬常習者となった挙げ句に妊娠してしまう。彼女は子供を生む時になって初めて、自分自身と子供が共にエイズ・ウィルスに感染していることを知ったのである。私にとってこれらはハッとさせられたり、また社会的な目を見開かれるような役柄であった。

私達は四夜にわたって上演したが、私の家族は祖父を除いて全員が会場に来てくれた。その年、私は祖父に苦労をかけまいと心に決めていた。というのも、その前年に祖父が私達の学校劇を見に来てくれた時はうだるような暑さのさなかであっただけでなく、ぎっしり詰まった聴衆の中で祖父は身動きできないぐらいであった。ところが、そんな折に緊急の問題が発生し、それに対処するため祖父は事務所へ戻らなければならなくなった。一九九五年の「シーズン」は祖父が欠席する穴埋めとして、祖母が私達のすべての上演を見にきてくれたのであった。

一九九五年六月に私はハリショニーム高校を卒業して、友人のシャロンと他に二人の共通の友人ロミとナアマの計四人で一か月間ヨーロッパを旅行した。私達の最初の訪問先の空港はロンドンであった。自分の家を離れて旅をするのは浮き浮きして楽しく、公式使節団の一員ではないことが何よりだった。私が誰であるか他人には分からないし、気楽さも感じた。最初、私達はテイト・ギャラリー、バービカン・センター、ナショナル・ギャラリーを訪ねるなど活発に観光をして回った。しかし、私達の芸術鑑賞の熱も次第に冷めて、そのような場所を訪れるテンポもゆっくりしたものになった。そして、自分達の教養を高める代わりに、ハムステッド地区やカムデンタウンをさまよい歩いたり、ケンジントン・ハイ・ストリートを散策してみたら、街中にかなり多くのマクドナルドの店やアイスクリーム屋さんがあることに私達は気が付いた。

次に私達はロンドンからオランダのアムステルダムへ向かった。そこでは若者達がどこのカフェにも大勢たむろしている光景に出くわした。私達は世界にはまだ色々と問題があることをともすれば忘れかけていた。最後の滞在地であるフランスのパリに到着した時、私達はほとんど無一文の状態になっていた。私達はラファエット通りの星印の付かない安宿に泊まり、セーヌ川西岸の狭い通りをぶらぶら散歩しながらウィンドーショッピングをして時を過ごした。ロミは私達を引き連れてスーパーマーケットに入っていった。彼女はその土地の人々がどんな日用品を買って冷蔵庫の中にしまい込むのか自分の目で確かめるために、そのような店の棚に何が並んでいるのか知りたがっていた。私にはそんなことにロミが魅了されることが理解できなかった。イスラエルではこの数年の間に外国からの輸入品の増加が著しいこともあって、パリのスーパーマーケットで珍しい品を見つけることなど稀なことであったからだ。

イスラエルに戻るとすぐに、私は軍に入隊した。八月十五日の朝七時三十分に、私は二週間半の基礎訓練が始まるバクムの招集基地で家族や友人達の見送りを受けた。その前夜、私はよく眠れなかった。そして十分遅れて到着した。昔から学校でも、また祖父やヨナタンからも軍隊生活のことは話で聞いていた。しかし、今こうして自分が入隊するとなると、またそれまでとは異なる感じがした。母は目に涙を浮かべていた。その時になってもまだ、これが本当に自分の番がやって来たということなのだろうか、などと考えていたのを私は憶えている。私は自分がまだ子供のような気がした。

初めのうち、私に気付く人は誰もいなかった。しかし、私が同じグループにいることに気付いた人が女の子たちの中にいた。

「ラビンの孫娘とかいう小さなお馬鹿さんはどこにいるの？」

と誰かが大声で尋ねているのが聞こえた。

すぐに噂が広まった。

「ねえ、あなた、彼女が誰だか知ってるかしら？」

と私の周りで女の子達がひそひそしゃべっているのが聞こえてきた。

私達はバスに乗り込むと、訓練基地マハネ88に移動した。道すがら私は友人達のことを想い浮かべた。今しがた基地へ向かう私に手を振って見送ってくれた友人達であったが、彼らがこれから何をしようとしているか私には分かった。彼らは近くのカフェに入って、コーヒーにクロワッサンを食べ、それからいつ自分達の番が来るかおしゃべりをしていることだろう。この私もそれと同じことを兄や友人達が軍務に就いたときにやっていた。しかし、私は今これから

1995年、国防軍に入隊した私

先十七か月間の軍隊生活を控えてバスの中にいた。

軍隊で私が真っ先にした軍務に関わる行為は、まず一列に並んで指紋を取られ、それから疾病の感染防止のために各種の予防接種を受けることであった。次に市民の平服からカーキの軍服に着替えた際に、自分を根本的に変えることであった。直ちに私達はみな同じ条件の下に置かれた。文化的、肉体的、経済的な相違は消滅していた。みな同じ制服を着用し、みな同じ下級の新兵であった。私達にはそれぞれ識別番号が割り当てられていた。軍隊においてこの番号は各人の氏名よりも重要なものであった。私は自分の過去や、そしてまた自分のアイデンティティーさえも徐々に薄れていくのを感じた。私はすっかり一人の兵士となっていた。

イスラエル人の健康な若者のほとんどは軍務に就くものと考えられている。しかし、アラブ系イスラエル人は除外されている。というのは、彼らの親類の人々がヨルダン、レバノン、シリアに住んでいる場合が当然あり得る。これらの国々においては、しばしばイスラエルとの間に紛争が起きている。戦闘に際して、彼らが自分の兄弟、従兄弟、友人達に銃口を向ける用意があるかどうか疑問に思うのは自然であろう。超正統派ユダヤ人は教義で安息日には何事であれ、やってはならないとされていることを理由にあげて、軍務に携わることを免除してほしいと願い出る。しかし、イスラエル軍は安息日であっても警戒態勢になければならないのである。

私達のようにイスラエルの軍隊に入る者は、戦争がいつでも起こり得ることを知っている。しかし、軍務を経験することには、単に国家を守ること以上のものが存在する。軍に入ることによって私達はそれまで暮らしていた各人の小さな世界から引っ張り出されて、この国土が有しているヨーロッパ的でかつ中東的な様相、宗教的かつ世俗的な構成要素、異なる経済的構造、そして地理的にも複雑極まりない状況の下にさらされるのである。軍はまた私達に人間としての成長、さらなる学習、そして、その後に続く仕事を用意してくれるのである。

しかし、私達がそこで最初に学ぶことは、服従である。私達の訓練教育の第一日目に大声で命令を伝達していたのは、私よりわずか半年だけ年上の女の子であった。彼女に対する私の最初の反応は、一種の憤慨とでも言うべき気持ちであった。しかし、私はすぐに先輩格である彼女のやり方に合わせた。私は他の八人と共に計九人で一つの部屋に収容された。また計八十四人の兵士に対して六つの共用シャワーが割り当てられた。それで私達はよくタオルを持って列を作り自分の順番を待った。そして、当然のことながら何事も時間どおりに行なわれた。私達には起床、シャワー、食事、清掃、自宅への電話、喫煙、就寝など時間割があった。私にとって朝はまるで戦闘機の緊急発進のように大へん慌ただしい時間帯であった。すなわち、顔を洗い、服を着て、コンタクトレンズを目に入れて、それから点呼を受ける準備を整えるまで、この間ちょうど三十分である。夜は幾分ゆっくりできた。私達には自由時間が一時間あったが、この間に各人は手紙を書き、喫煙し、消灯前のおしゃべりに充てることができた。

将校の前でガムを噛《か》んだり、酒保《しゅほ》以外の場所で食べたり、授業中に居眠りするなどの小さな規律違反に対する罰則として、通常は休暇期間が二、三時間削られる。また重大な違反、例えば麻薬の所持を見つかったり、無断欠勤したり、重大な命令拒否、許可なく発砲することなどに対しては、留置処分が科される。

私の場合、上官の命令に従うことには何の支障もなかったが、時たま軍の規則のことでどうしても質問をしないではいられなかった。

「なぜ、私は笑うことができないのですか？」

「貴女に話していることはとても重大なことだからです」

「今どうして喫煙できないのですか？」

「それは周りの人の健康に悪影響を与えるからです」

国の安全保障の問題や、砂礫《されき》と破壊の中から国家の建設に心血を注いだ旧世代の兵士のことや、もしくはそのために命を落とした兵士のことなどに私は思いをはせるべきであったのだと思う。だが、現実の私は軍隊生活という初めて経験するたいへん大きな個人的変化の方に心を奪われていた。

私達には二種類の制服があった。制服Aは基地の外で使用するもの。もう一つの制服Bは基礎訓練中に使用するものであった。それらは軍の所有するものであり、着古されてすり切れるまで再使用される。一兵卒にはファッションなど重要な問題ではない。私の制服Bは、ぶかぶかの大きなサイズで、シャツの袖は私の手の先がすっぽり隠れても、まだ余っていた。あの夏は温度計が摂氏三五度まで上昇し、制服を着用しているのが息苦しく感じられた。そして時々、自分が溶けてしまうのではないかと思ったほど暑かった。

軍に入隊して最初の何回かの食事のことを思い出す。どの食事もみな同じ味がして、またどれも黄色っぽく見えた。肉も魚も野菜もみんな黄色に見えた。これは私の人生で最も効果的なダイエットになりそうだと思ったものだ。しかし、数日後にはもう私はひもじくて仕方がなかった。食事は定められた時間内にしなければならなかった。それで時計に目をやりながら食物をごくっと呑み込んでいた。「自分はここで何をしているのだろう?」と一度ならず自分自身に問いかけたことを認めざるを得ない。

たとえ戦闘の前線に配置されることはないにしても、私達はライフル銃の使い方を教わった。正直に白状すると、私の射撃の腕前は良くなかった。一連の基礎訓練期間中は空砲による射撃訓練を受けたが、一度だけ実弾で射撃を行なった。私は射的の中心を正確に射抜くことがなかった。

軍が実施する一般教育は、訓練の中の重要な部分を占めている。その教育プログラムには、私達兵士が実際にエルサレムを訪問し、その場所の重要さを思い起こさせることも組み込まれている。私達はイスラエルの地理や経済資源について学習し、そして——必要ならば——私達は他の何にもましてイスラエルを愛することを教えられる。服従、秩序、規律、安全。これらは私達の身にしみこむよう強いられるすべての原則である。兵士一人ひとりの運命がもっと広範なイスラエルの運命とつながっているということが、私達の前に明示される。新兵達がこうした基礎訓練を終える頃には、彼らはみな自分達がなぜここにいるのだろうかなどと疑問を抱いたりしないようになっている、と考えられている。

最初の週末休暇の際に、私は監獄から仮出獄して解放された囚人のような気分をちょっぴり味わった。私は急いで着古したジーンズにはきかえた。ひっきりなしにチョコレートやハンバーガーを口にして、夜は遅くまで友人達に会い、それから知人に片っ端から電話をかけて軍での新生活について話して聞かせた。

祖父は、私が軍隊でしていることは何でも知りたがった。軍の規律、食事、就業時間、その他あらゆることで、私は彼からよく聞かれた。私が五分で身支度ができるようになっているのを知ると、祖父の顔からにっこり笑みがこぼれた。一九六七年の六日戦争（第三次中東戦争）の後に、彼がダヤン国防相と並んでエルサレムの旧市街に入った際に着用していたものと同じカーキの軍服姿の私を見て、祖父の心にぐっとくるものがあったようだ。

祖母は、軍人であることで最も嫌なことは何か、と私に聞いた。

「朝早起きすること。それから、あのやけに黄色い食物」

と私は答えた。

私にはちゃんとした不満の理由はなかった。食事のことや就寝までの夜の時間が短いことは別にして、軍が支給する出来合いの靴下を履かなければならないのがいやだった。そして、あの重くて黒いブーツを磨くのも嫌だった。けれども、こうした些細《ささい》な苦労も、私達より前の世代の人々が直面したもっと厳しい時代に比べると、私の目には色あせて見えるのが分かった。祖母はボランティアとして戦争に取られた。そして母が軍務に就いた当時、基礎訓練の期間は今よりも長く、軍の規律ももっと厳しいものであったので、新兵の軍隊生活は今よりずっと大へんだったのである。

基礎訓練が終了して、私は幸運にも当面どうするかということを心配する必要がなかった。軍の新聞で仕事がしたいという私の申し込みはすでに受け入れられていたので、その後の行き先が分かっていただけでなく、その仕事が面白そうだということも分かっていた。もちろん、軍には純軍事的なものに留まらず、他にも多くのニーズがある。タイプライターの打てる人、電話交換機の操作ができる人、車両の運転ができる人、コンピュータの経験のある人、洗濯してアイロンがけをしたりミシンで縫製のできる人、色々な壊れ物を修理できる人等々を軍は探している。そしてほとんど誰もが軍警察に配属されるのを恐れているように思われた。他人をスパイするのを望んでいる人はまずいなかった。

割り当てられた仕事が単調な繰り返しで何とつまらないことかと嘆く私の女友達の声を聞くにつけても、とても挑戦的でやりがいを感じる仕事に就ける私は何と幸運なことかと思わずにはいられなかった。どの新聞もそうであるが、毎号とも前号とは異なる目新しい内容に焦点を当てている。時に私の仕事は、他のリポーターのために記事の内容に関して調査することもあり、こうした作業にはインタビューを受ける人を追いかけていくようなことをはじめ、記事に関連する素材を探しに公文書を細かく調べることまである。

時には、自分一人で報告記事を書くこともある。駆け出し記者の私に課せられた最初の任務は、女の子達が基礎訓練を受けている最中の軍キャンプを、取材で訪問することであった。事前に質問事項を準備した上でカメラマンを伴い、やや寝ぼけ眼《まなこ》で私はちょうど夜が明ける頃に軍の基地に到着したのを憶えている。しかし、女の子達に対して若い女性の上官が大声で命令を伝達している姿を目の当たりにして、私はさっと張りつめた気持ちになった。そして、インタビューを進めていくうちに、面談したその新兵の女の子達自身が何のためにそれをやっているのか、しっかりと理解していることに私は感心させられた。

「貴女はなぜ銃の使い方を知っておく必要があると考えているの？」

とその中の一人に私が尋ねると、

「私達はみな女だから前線に送られることはないと思います。でも、私達の中には困難な局面に立たされる人も出るかもしれません。ですから私達はみな、そんな時のために準備しておかなければならないのです」

との答がすぐに返ってきた。


軍の新聞に関して、自分の果たしている役割は小さなものでしかないことはよく分かっている。私には時間がたっぷりあるが、その多くは駆けずり回ることに費やしているような気がする。軍の新聞でニュースを供給することは第一義的には軍隊内部で配信することにあるが、それが軍事演習と同様に重要であることについて議論してみようとする人さえいなかった。しかし、自分の果たしている軍への貢献がどんなにちっぽけなものかよく分かっていても、気がつくと私は手近にある自分の職務に全力で関わっていたいと願っていた。

ちょっと仕事の手を休めて兵士であることのより一般的な意味を考えると、軍務に携わることは自分自身の一部を国家にささげる一つの方法ではないかと私は理解している。私はいまイスラエルの歴史を形成する壮大なドラマの中で、自分がほんの小さな部分を演じているのだと感じる。これまでイスラエル国防軍は戦争を戦い、勝利するために強力でなければならなかった。だが、今日では平和を得るために軍は強力でなければならないのだ。そして、和平プロセスの進展につれて、和平を受け入れるに十分な強さを備えていると感じられるような軍に所属していることで、私は誇らしい気持ちがするのである。

9章　暗殺者の影

祖父の死から六週間後の一九九五年十二月十九日に、祖父が銃弾に倒れた瞬間をとらえたアマチュアカメラマンのビデオフィルムがメディアに公開された。それが唯一の祖父の死に関する視覚による記録であった。イスラエルのテレビ局は、このビデオの放映をその日の夜に設定した。

そのビデオを観《み》るという決断は私には難しいことではなかった。というのも、自分の祖父が当事者であったからである。他の多くの人々がそのビデオを見ることができるのに、どうしてこの私にできないことがあるだろうか？　しかし、そのとき私はあの恐ろしい瞬間を目撃しなければならない時に感じるかもしれない心の痛みに思いが及ばなかった。暗殺という犯罪はもうすでに実行されてしまった。私にとって真の痛みは、祖父を失ったことによる喪失感であった。

その朝、イスラエルの新聞イエディオット・アハロノットはそのビデオテープから編集した写真を多数掲載していた。一方、イスラエルのテレビ放送「チャンネル2」はすでにテープの放映権を買い取っていた。その日の新聞は奪い合うようにして求める人々によって、またたく間に無くなった。私も一部買った。しかし、暗殺の瞬間の写真はどれもみな画像が暗くピントがずれていたために、私は祖父が暗殺される瞬間の状況をほとんど判別することができなかった。だから、これは米国の宇宙飛行士ニール・アームストロングの月面への第一歩を印したシーンが映っているのだと言われたとしても、区別できないぐらいであった。

その日、亡き祖父のために催された記念式典に参加するために、祖母と母はパリに滞在していた。ユダヤの習わしによる三十日間の服喪期間が終わってから、二人は旅を続けていた――ローマ法王を訪ねるためにローマへ、それからニューヨークへ、そしてさらにワシントンへ。二人ともあのビデオテープを見たいとは思っていなかった。ヨナタンはほんの数週間前に兵役を終えた後、小遣い銭を稼ぐために続けていたアルバイト先のレストランでその夜も働いていた。アヴィはすでにユヴァル叔父と一緒にそのフィルムを見ていた。遅くまで事務所で仕事をしていた彼は私に対して、決してテレビのスイッチは入れないようにと言ってきた。カリンは自宅にいなければならなかった。それで私はヘルツエリアの自宅でただ一人過ごすことになった。

その夜、軍新聞での一日の仕事を終えると、私はあのビデオテープを見る準備をした。事前にテープを見れば悲しみにさらに辛い思いが加わるだけだからその映像を見たりしてはいけない、と友人達から私は説得されていた。その日の午後、一人のジャーナリストから留守電にメッセージが入っていた。それは私がビデオテープを見るつもりなのかどうか尋ねる用件であった。私はその問い合わせの電話に答えることを拒否した。私には祖父の死が今や世界の関心事となっているのが分かった。あの米国大統領ケネディの暗殺事件の映像と同様に、これらの映像はきっとそのうちに歴史公文書の一部になるだろう。だが私にとって、それはまだ私的な事柄なのであった。

私は両親の寝室に行った。そして、ニュース提供者の助言に従って部屋の灯りを消し、それからテレビの音声を大きくした。私は気を引きしめてイスラエルの人々とともに祖父の死をじっと見つめた。そこには平和集会の色彩、歌声、音楽は示されていなかった。暗殺があってから以降の日々に漂っていたイスラエルの受けた衝撃や深い悲しみも記録されていなかった。それはただ犯罪そのものの映像であり、それ以外の何ものでもなかった。

シモン・ペレスがいる。そして、その周りの人々も映っている。ペレスは待機中の車の方へ導かれ、そして乗り込んで去っていく。それから祖父が現れる。階段を降りてくる。車の方に歩いていく。そこで撃たれる。彼の背中がこちらを向く。再び撃たれる。崩れ落ちる。真っ黒な画面となる。車が動き出す。その瞬間をとらえた映像の抜粋がスローモーションで映し出される。次に普通の速さで。それから再びスローモーションで。

その映像を見終えた直後に、私は苦痛に襲われた。彼はこの時点ではまだ生きている。いや、死んでいる。あっという間に彼は地面に崩れ落ちる。そして決して起き上がることはなかった。

私は泣き出してしまった。映像はぼやけているが、それが祖父だということは私の目にもはっきりと分かった。祖父の身体に炸裂する銃弾のせん光を見ることができたのだ。

奇妙なことであったが、このビデオフィルムの撮影者は、暗殺直前の数分の間、ジーンズに明るい色のTシャツを着用し両腕を脇へだらりと下げて単独行動をとっている暗殺犯に焦点を合わせていた。ほんの一瞬、警察官らが暗殺犯とおしゃべりをしているように見えた。そのビデオテープはどんどん先へ進んでいった。それはまるでそのアマチュアカメラマンが暗殺者の意図を察知しているかのようであり、また実際に暗殺が行なわれる可能性があるのではないか、と思っているようでもあった。だが、警察は何の疑いも示さなかった。

必然的にこのビデオテープの映像は、その夜なぜ警備にすきがあったのかということで、イスラエル国内の論争に火を注ぐことになった。その夜、当然そうすべきであったように駐車場がもし閉鎖されていたならば、暗殺犯は祖父に近づくことはできなかったはずだということを私達は後で知った。新聞各紙も犯人について、以前に三回暗殺計画を企てたが、未遂に終わっていたと報道していた。その暗殺当日の夜に撮影された写真は、群衆の中で目立つのを避けるために、犯人が頭に被っていたスカルキャップを取っていたことを示していた。安全確保の手抜かりに関する多くの陰謀説とともに、祖父の暗殺の余波としてこの他にもあれこれ取りざたされた。しかし、私はそのような推測でものを言う列には加わりたくない。

祖父のボディーガードの方々は長年にわたってしっかりと、そして誠実に彼を守ってくれていた。あの夜の広場に漂う幸福感に満ちた雰囲気の中で、つい警戒水準が下がったのではないかと思う。ボディーガードの方々を責めるつもりはない。ただ、あのように起こっただけなのだ。そして、私はあのシーンが再現されることで自分自身が苦しみ続けることを拒否する。


暗殺犯のことをどう思うかという質問を私はたびたび受けた。この質問に接したことで、私は多くのことを考えさせられた。祖父を殺した個人に焦点が当てられることのないように、という私の強い願いや和平プロセスに反対であった人々を非難したくない気持ちに自分自身が影響を受けている。イスラエルの右翼の人達すべてが過激論者で狂信的であると言いたいのではない。しかし、あの暗殺犯について考えるとき、暗殺を可能にした社会的状況を私は無視することができないのだ。

確かに右派の人々の多数は祖父の和平政策を支持しなかったし、たとえ議会の解散と総選挙の機会があったとしても、彼らは祖父の政府に反対票を投じたことだろう。しかし、これらの人々は政権交代のためには適法な手段を行使することをよしとする民主主義者である。祖父の暗殺犯の世界はこれとはまったく異なる。それは政治の潮流を正しく代表するものではない。祖父の政府の政策を変更させる手段として、自ら進んで政治的な殺人という手段に訴えたのは過激論者の党派である。

外国の人々の中には、このような首相暗殺という政治的な動きが出現したことに驚いている方々がいるかもしれない。彼らはイスラエル人とユダヤ人は単一の結合体であり、特段のことがなければ、互いに相手に対して忠実であると考えていたかもしれない。だが私達は別の理解をしている。私達はこれまでにも過激論者が自らの考えを行動に移すのを見てきたし、彼らが威嚇《いかく》するのを聞いたりもした。そして彼らの憎しみというものを知った。しかし、彼らがどれだけ私達とかけ離れた方向へ突き進むのか、私達には見当もつかなかった。

祖父が亡くなる前の数か月は、祖父やその政策に対する攻撃が一段と激しさを増していた。過激論者の人々の目に浮かぶ憎しみの表情を見たり、彼らが声を合わせて「ラビンは殺人者、ラビンは反逆者だ」という叫び声をあげるのを聞いて、私は大へんショックだった。国内をあちこち車で巡ったりすることや祖父の政策を非難する内容や彼を個人的に侮辱する内容のステッカーを張り付けた車を見たりするのは、とても嫌だった。私は祖父に何かが起こりはしないか不安ではあったが、それでも起こり得る最悪のシナリオが現実のものになるなんて想像もしなかった。

過激論者に洗脳された私と同年代の男の子や女の子が、死の象徴であるどくろとX形の骨に囲まれた祖父を描いたポスターを掲げて、テレビカメラの前をデモ行進するのを見た。私は頭からフードをすっぽり被った男達が、祖父を模した人形を燃やすのを見た。そして、それは時には祖父がパレスチナ人のスカーフを着用しているように描かれたり、またある時はナチ将校の鍵十字を付けているように作られていた。

あるテレビの映像を特に私は恐ろしいと思った。片手に聖書を持ち、もう一方の手には拳銃を握った一人の若い男が大声を張り上げて、祖父に対する憎しみと死の脅しをかけていた。私はそれには反応しないようにした。私はそのように脅され、辱《はずかし》められた人物像から実際の祖父を切り離して考えるようにした。私は自分自身に言い聞かせた。『ノア、心配しないで。彼らはおじいちゃんのことをあなたほど分かっちゃいないのだから。おじいちゃんがどれほど強く、断固としていて、誠実な人であるか彼らは分かってないわ』

祖父のことがどんなに心配であるか、私は決して祖父には言わなかった。私がそのことを彼に話せば、私の恐れは解消されただろう。自分自身に対しても、自分がやっていることに対しても、彼の信念には一点の曇りもなかった。だから祖父はそのような激しい示威行為に直面しても、自分が選択した道を変えることはなかった。そして、自分の信じることをやっている限り、たとえ殺人者と呼ばれようとも、そんなことは気にかけていないようにさえ思われた。

「彼らのことは無視しておけばいいよ」

と祖父はよく言っていた。それを聞くと、私はいつも安心するのであった。

こうした悪態のすべてが祖父を困惑させたに違いない。しかし、彼は表だってそれらに反応することは決してなかった。そして、そのような彼の姿勢は家庭の中ですら同様であった。祖父と祖母の二人は、すでにユーモアと皮肉でもって防御しようと心に決めていたのであった。

一九九五年のとある夕べのこと、ラマト・アビブの彼らの自宅アパート建物の外で怒れるデモ隊による示威行為が行なわれていた。祖母が先に自宅へ戻ったところ、「ラビンは売国奴」という叫び声を浴びせられた。それから今度は祖父が同様の仕打ちを受けた。祖父が自宅アパートの玄関口までやって来ると、祖母はデモ隊の合唱に合わせて声を出した。

「ラビンは売国奴、ラビンは売国奴」

祖父は大笑いした。そして、祖母に向かって言った。

「ほら、来てごらん。僕は階下でさんざんあれを聞かされたよ」


ヨナタンが真っ先に暗殺者の適確な定義を言い出した。そして、私もすぐにその定義を使った。すなわち暗殺犯は単なる拳銃、ないしは人間であることを奪われたロボットにすぎない。それは言うならばイスラエルの社会に深くしみ込み、そしてこってりと油を塗った憎しみのシステムによって、すっかり洗脳されてしまった者なのであった。

兄や私と同様に、暗殺犯はヘルツェリアで育った。それからヨナタンと同様に彼も軍務を経験している。しかし、彼には私達とは異なるところがあった。彼は宗教学校に通い、小さい頃から過激論者のラビやその他の狂信的な意見の持ち主によって支配された世界に引き寄せられた。彼らによって間断なく続けられる暴力への扇動は、ナチスやファシスト達が権力の座に上りつめる時に用いた手法を私に思い起こさせた。彼らは互いに憎しみで結ばれていた。彼らはみな祖父の生命を奪った銃を携行していた。暗殺犯イガル・アミールは単に銃の引き金を引いたにすぎない男なのだ。

祖父を殺害した後、これらのグループのうちのある者は突然、自分達の主張に理解と同意を求めた。しかし、彼らには自分達の行為に対する責任を受け入れる用意はなかった。彼らは醜悪な抗議行動を組織することについて一片の良心の呵責《かしゃく》というものは持ち合わせていなかった。彼らは祖父に対する邪悪な抹殺運動に喜々として手を染め、そしてまた粗暴な挑発を行なっていた。しかし、彼らは自分達の行為によって生じた結果に対して決して責任を取ろうとはしなかった。「勝利は百人の父を得て、敗北は一人の孤児である」。祖父の死の余波の中で、この古い諺《ことわざ》は特にぴったり当てはまるように思われる。右翼の人達が自称する〝民主的〟闘争は失敗であった。今日、暴力的な手段に訴えるよう扇動した人々は、そのことに対する説明責任を回避したがる。彼らの誰もが必死になって非難のほこ先を振り払おうとしているのである。

あの暗殺者の家庭については広範なメディアが取り扱った。そして、それらの一部は彼の育った家庭環境にスポットライトを当てた。私は、彼を非難するのと同じぐらい彼の家庭を非難したい。

　彼の兄は以前、銃弾に改造した九ミリ口径の弾薬を弟に提供したことを認めている。だが、彼は自分の弟がその銃弾をどう使うのかは知らなかったと主張した。

「彼は確かに私の弟です。でも、私は単にそれらの銃弾を弟にあげただけであって、それがすべてなんです」

　それなら銃弾は何のために？　そう尋ねる人がいるかもしれない。警察は彼らの自宅の裏庭で手榴弾、雷管およびプラスチック爆弾も発見した。

　この暗殺犯の母親は私の祖母に対して、お悔やみの手紙を送ってきた。私はそれを読んでみた。しかし、内容は通り一遍のありきたりのもので、そこからは書き手が真情を吐露したものであることを確信させるようなものは何ら見いだせなかった。その手紙は例えば、「私の名はゲウラと申しまして、二人の息子の母親です……」といったような書き出しで始まる一人の女性から別の女性へと宛てられた素朴な手書きのものではなかった。それはタイプ打ちで、ありきたりの言葉が羅列されていた。

　その母親の手紙は私にとって何ら意味のないものであった。祖父は一つの組織によって殺害されたのである。衷心から良心の呵責を示すのは、そうした組織の側のやるべきことであった。私自身の考えを言えば、この手紙にはそうしたものが何も示されていなかったのだ。

最愛の人の死に直面して嘆き悲しむのは、純粋な感情の発露である。私はそのような純粋な感情を憎しみによって汚したくない。私は復讐が必要だとは感じていない。私は自分自身の思い出や、永遠に私の頭から消え去ることのない祖父の甘い思い出の中に、じっと埋もれていたい。そして私が祖父の暗殺者について特に言及するのを避けようとする理由もそこにある。しかし、私がいつもこんな風な感じ方をするとは限らないが、それは私にとって決してたやすいことではない。今もなお、私はあの暗殺犯の属する世界に対する軽蔑の気持ちをどうしても抑えることができないでいる。

裁判所の法廷で当の殺人犯がリラックスした様子でガムを噛み、そして不敵な笑いさえ浮かべて、今もって自分は正しいことをやったんだと言わんばかりの確信的な素振りを見せつけられると、私は血が煮えくり返るのを覚えた。そして、私はテレビ局があの暗殺犯の共犯として疑いのある一人の右翼の若い女性が勝ち誇ったように帰宅する姿を画面に映し出したとき、私は口惜しくて心の高ぶりを抑えることができなかった。今になってみると、なぜ祖父が過激論者のことを「アヤトラー達」（注・アヤトラーとは、イスラム教シーア派の最高指導者）と呼んだのか私には分かった。そして、祖父の死は彼自身が正しかったことの証明となった。

私の見立てでは、イスラエルという国は健康体の部分とがんに侵された部分の二つの部分を併せ持つ肉体のようである。そのがんの部分が極右勢力である。そして、祖父の生命を奪ったのがそのがんであった。がんはなおもイスラエルを蝕《むしば》み、死へ追いやろうとしているのである。このがんは一体どのようにすれば取り除けるのだろうか？

　私は政治家でも社会学者でもない。しかし、私は教育というものを通じてのみ、宗教色の強い過激論者の人達とそれ以外の人々との間に横たわる大きな溝を埋めることができるものと信じている。イスラエルの学校では寛容であることを教えなければならない。そしてまた、自分とは異なるあらゆる意見にも耳を傾けることや団結したイスラエルの知恵というものも学ばなければならない。こうした過激論者は、私達と同世代の若者のほとんどが平穏に暮らしたいと願っていること、それから過激主義が祝福されるべき結果をもたらすことは決してないことを、いつの日かきっと認めることであろう。

　祖父の死からまだ間もない頃、私の家族は多くの人々から、この悲劇に際してイスラエルの団結を呼び掛けるように強いられたのであった。ある高位のラビが祖母を訪ねてくると、彼女に対して「国内を鎮めるよう」促したのであった。私は考え込んでしまった。

　何かをすべきなのはあなたの方ではないか……あなたは宗教指導者なのだから！

　私達家族はすでに高すぎるほどの代償を払っている。なぜ、私達犠牲者の遺族がそんなことをしなければならないのだろうか？　今や宗教学校や右翼機関ならびにラビが国民に抑制を呼び掛ける番であった。彼らが国民を分裂させてしまったのだから、再び国民の結束を計るのは彼らのやるべきことなのであった。

　祖父の死によって今日浮上した中心的な問題は、なぜ「イスラエルの王達の広場」において安全警備上の手抜かりがあったのかということではない。イスラエルのような、いわゆる文明の開化した国において、なぜあのような犯罪がまかり通ったのかということである。これが、祖父の暗殺犯のような悪党を生み出すイスラエル社会の病巣に私達は注意を集中しなければならない理由である。暗殺犯の名前はイガル・アミールである。しかし、その他にも大へん多くの人々が彼と同じ役割をやり得たのである。問題の所在はアミールという人物ないしはアミールの家族という次元で考えるのではなくて、暗殺を可能にしたイスラエル社会のシステムにあるのだ。生前に祖父に対する警告の落書きが壁に描かれていた。しかし、私達は祖父が殺害されるまでそれを見なかった。今となってはもうそれを無視するわけにはいかない。

祖父が暗殺された後のある夜のこと、祖母と私は長い時間をかけて話し合った。私にとって唯一の慰めは、私達がよく話していたように、あんなことが自分の身に起こり得たことや、そしてまた「私達と同じイスラエル人の一人」であるユダヤ人の犯人によって殺害されたことを、祖父は何も知らずに死んでいったことであると祖母に話した。しかし、祖母はこれに同意しなかった。もし祖父がそうした危険を事前に察知していたなら、彼の死は防ぐことができたはずだと祖母は言った。でも、私は考えざるを得なかった。もし祖父がこんな風にして死ななければならなかったのが運命だとしたら、彼にとって誰がそんなことをやったかなど知らない方がましであったのだと。

10章　一九九五年十一月六日

祖父の葬儀が行なわれる当日の朝六時三十分、私は祖父の机の前に座った。そして祖父の私用のレターヘッドが印刷された便せんを一枚取り出して、祖父への最後となる手紙を書き始めた。

私は祖父に最も近い友人の一人であるシモン・シェヴェスから、祖父の葬儀で家族を代表してスピーチをしてはどうかと最初に示唆を受けた。私はそれを受けるべきかどうか躊躇した。しかし、家族はそのスピーチを私がするものと確信した。

葬儀の前夜、私は話す内容を紙に書いてみた。私はラマト・アビブの祖父母の家を出ると、少し静けさを求めてヘルツェリアへ行った。しかし、自宅でさえスピーチに相応《ふさわ》しい言葉はなかなか頭に浮かんでこなかった。電話がひっきりなしにかかってきた。まだ開かれていない電報が山のように残されていた。私は頭がボーッとなった。ひとこと書くと途切れて、次の言葉が続かなかった。頭の中に個々の単語は浮かぶのだが、それらがなかなか一つの文にまとまらなかった。ベッドの上に用紙を散らかしたまま、私はラマト・アビブに戻った。私は母に即興でスピーチをしなければならないかもしれないと伝えた。

祖父を失って最初の日、それはどこか奇妙で暗い一日であった。その日の朝、祖母が目を覚ますと、出し抜けに「昨夜、なにか恐ろしいことが起きたんじゃない？」と言った。ずっと体調を崩していた私の母のことを祖母は案じていた。そして、彼女は私の母の方に目をやりながら呟いた。

「でも……ダリアはここにいるし……それからおとうさんは？」

私はまだよく眠っていた。それから後になって、夫はもうこの世にいないという現実へ立ち戻らなければならなかった祖母の痛々しさについて、母は私に話した。私が目を覚ます何時間も前から二人はすでに起きていたのであった。ほんのしばらくの間、私の頭も混乱していた。どうして自分が彼らのベッドの中にいるのか分からなかった。我に返るまでの束の間の平穏にひたった。それから再び悪夢が蘇ってきた。

私は意識の中では立ち上がった。そして歩いた。人々がやって来てはまた去っていった。テーブルの上には新聞があったに違いない。私は恐らく二人を見たのだろう。人々は暗殺犯のことを話したに違いない。しかし、私は虚ろであった。私の人生で初めて経験する深い悲しみは一週間ものあいだ、私に取りついて離れなかった。

正午頃になって、私達はハスカヴァという儀式で、亡くなった祖父に対する最後の挨拶をするためにエルサレムへ向かった。祖父の遺体を収容した棺は、すでに司令官専用車に載せられて病院を出発していた。私達の乗った護衛車の小さな車列は、沿道に集まってきた老若男女の人垣の中をゆっくりと進んだ。私は人々の顔の表情を見ることはできなかったが、祖父との最後の別れのために見送りに集まってくれた大勢の人々に深い印象を受けた。青空を見上げると、広告板が目に入った。そこに張られていた広告ビラはすべて夜間のうちにはがされ、代わって黒地の台紙に書かれたお悔やみのメッセージが張り出されていた。メッセージの一つには、シュロモ・アルツィのポピュラーソング「あの男のような人達はどこにいるのだろう？……」の歌詞が記されていた。私の頬を伝って熱い涙がこぼれてきた。彼のような人は他にいなかった。そして、私にとってもう決して現れることはないだろう。

国会では大臣の方々をはじめ、議員やその他一般によく知られた人々が国会議事堂建物の前に置かれた棺の傍らをゆっくりと歩きながら通り過ぎていった。それから私達家族のところまでやってきて握手をすると、去っていった。青と白のイスラエル国旗が掛けられたこのシンプルな棺の中に祖父が入っていると考えても、私にはとてもこれが現実のこととは思えなかった。突然、祖父の生命と全行為が凝縮されて木箱の中に詰め込まれた。私は彼にとても済まないような気がした。祖父はそんなちっぽけな木箱の中に横たわっていてはならないのだ。祖父は私達が必要とした場所であり、また彼が居たいと望んだ場所でもある、このイスラエルの地のものであった。

このハスカヴァの儀式がどれだけ長く続いたのか私は憶えていないが、ユヴァル叔父が祖父を偲んで死者への追悼の祈りであるカディッシュを朗唱したのを思い起こす。あの辛い瞬間に私などひとことも言葉が出てこなかったのに、冷静にスピーチができる叔父はすごいと私は思った。カディッシュのような一つの短い祈りでさえも、私には長くて荷が重いことであったろう。翌日の葬儀で参列者を前にしてスピーチができるかどうか私は不安になり始めた。でも、ユヴァル叔父は私の見習うべきお手本であった。

私達がラマト・アビブに戻ってくると、祖父母の自宅アパートは再び来訪者で一杯になった。その時に祖父への最後の別れの手紙を書こうと思い立った私は自分の家へ向かった。私は夜中の午前零時になって祖父母の自宅に戻ってきた。訪問者はすでにみな帰っており、私達女三人はベッドに入ると、ぐったりと寝入った。

翌朝、六時三十分になる少し前に母は私を起こすと、もう一度祖父への別れのスピーチ原稿を書いてみてはどうかと勧めた。昨夜よりも今朝の方がよく書けるかもしれないと母は言った。確かにそのとおりであった。スピーチでしゃべる言葉はごく自然に、そして容易に浮かんできた。それはまるで私の目の前に座った祖父が微笑み、そして励ましてくれているかのようであった。祖父が私の傍らにいてくれるような気がした。祖父が亡くなったのは分かっているのだが、私にはまだそれを現実のものとして受け入れることはできなかった。私は祖父の温かさや力強さが部屋の中に満ちているのを感じた。そして、私は祖父の使っていた椅子に腰掛けた。

祖父との無言の会話はとても現実味を帯び、そしてまた私の感情にも烈しいものがあったので、私は祖父へのメッセージを一気に書き上げた。

私は母と祖母に自分の書いたスピーチ原稿に目を通して欲しいと頼んだ。祖父の妹のラヘルもそれを読んでくれた。ヨナタンにそれを読んで聞かせたとき、私は耐えきれずにわっと泣き出してしまった。祖父の葬儀で大声を出して泣いてしまうのではないか、私は自分が心配になった。しかし、家族はみな私を支えてくれた。私はその時の自分自身を何度も思い起こしたことをよく憶えている。

最も重要なことは、何でも話し、言葉を明瞭に話し、スピーチの最後までたどり着き、自分の伝えたいことをすべて話し、私の話を祖父に聞いてもらうことである。

私は祖父が持っている力にすがって自らを奮い立たせようとした。

エルサレムにある国会議事堂へ戻るために、私達は午前十一時頃テルアビブを出発した。前日に私達が分かれた同じ場所で、祖父は依然として私達を待っていた。ほんの束の間といえども、彼が独りぼっちになることはなかった。何千人という大勢の人々が思い出のキャンドルに灯をともし、短いメッセージをしたためた紙片を棺に添えて祖父の前を通り過ぎていった。国会議事堂へ向かう道路や議事堂前の広場はさらに多くの人々であふれていた。ちょうど私がそうであるように、彼らは祖父の死を信じることができなかった。それはまるで、祖父の棺を実際に見ることによって初めてあの悪夢が現実のものなのだと彼らが確信できる唯一の方法であるかのようであった。

私達がエルサレムに到着したとき、祖母、母、ユヴァル叔父は、ヨルダンのフセイン国王との私的な会談のためにエルサレムの首相公邸の方へ案内された。残りの人達——家族や祖父の近しい補佐官達——は国会内の首相事務所に通された。そこはかなり公的色彩のある事務所であった。入口ドアには「イツハク・ラビン、首相兼国防相」とだけ簡単に記されていた。通常、祖父は首相府建物内にある手近な事務所で執務をとっていたが、開催中の議会に出席する時はこの部屋を使っていた。私はこれまで一度だけ、すなわち一九九二年に議会で新内閣の宣誓が行なわれた夜にそこを訪ねたことがあった。一つの思い出が私の頭の中をさっと駆け巡った。あのとき私達が祖父の執務室に到着すると、祖父は大きな声で祖母を呼んだ。

「レア、……」

祖母は笑顔で応じた。そして、彼ら二人が一緒に見て楽しんでいた風刺的な英国テレビの連続コメディー「イエス、ミニスター」の台詞《せりふ》を真似しながら、祖母はからかうように言った。

「はい、首相」

今や国会内にある執務室の首相の椅子にはその主がいなかった。私達はイスラエル国会議長の執務室に案内される直前のおよそ三十分間をここで待機した。クリントン米国大統領夫妻が我が国のヴァイツマン大統領に伴われて到着した。一瞬であったが、クリントン大統領は私に

葬儀にて、叔父ユヴァル（左）、祖母（中央）、私、母ダリアと兄ヨナタン（右）

声をかけてくれた。クリントン大統領との話の内容は思い出せないけれども、彼が祖父のことを大へん称賛してくれたことで私は嬉しくなったのをよく憶えている。

歴史上の人物としての祖父のイメージは葬儀が終わるまで、私には具体的なものとして頭に浮かんではこなかった（ヨナタンの方は、ずっと以前より祖父の偉大さに気付いていたと思う）。祖父への最後の敬意を表すため世界の人々がはるばるこの地までやってきてくれたのは、その死に方ゆえではなく彼の生きざまによることを私が理解したのはその時であった。しかし、葬儀が執り行なわれている間、祖父がそこにはいないという現実しか私は意識していなかった。周りの大勢の重要人物を含んだ人々の集まりを目の当たりにして、この二年の間に祖父やシモン・ペレスも出席していた幾つかの平和の式典を思い出した。唯一その時と異なる点は、もうこの場に祖父は存在しないということであった。

午後一時頃に私達はこの事務所を出ると、祖父の棺の間近まで進み、そこに立った。じきに祖母、母、そしてユヴァル叔父もやって来た。世界各国から次々と高官たちが到着した。彼らは蓋《ふた》の閉じられた祖父の棺の前に無言で立ち、それから祖母や家族に向かってお悔やみの言葉をかけてくれた。私達の周囲には大勢の人々が集まっていた。だが、私は空しさをかみしめるだけであった。

私達は、祖父の棺が六人の軍将官と二人の警察司令官によって持ち上げられて、国会議事堂の外に運ばれていくのを見送った。それから棺は軍の車両に載せられた。何千もの人々の目が私達に注がれていた。カメラのシャッター音がひっきりなしに聞こえてきた。ジャーナリストの姿がそこかしこに見られた。黒塗りの車、何十人という安全警護に当たる人々、そして会葬者から成る大群衆の列が続いていた。私は独りで悲しみに浸っていたいと思い、周囲から何とか自分の気持ちを遮断《しゃだん》しようとした。

祖父の棺の後に続く会葬者の行列は、ヘルツェルの丘を目指してゆっくりと出発した。沿道を埋めた人々の列は果てしなく続き、祖父の最後の旅を共にした。祖父に寄り添うそれらの人々の列は、祖父の最後の休息の地まで連なる悲しみの深い谷を形成しているように思われた。祖父のエルサレムが世界の首都になっていた。今、祖父はこの永遠の都市の中心部に横たわっていた。そして、世界の目が祖父の棺に注がれた。

最後に、私達は会葬者の最前列の席についた。くっきりと晴れわたる青空に、わずか二つ三つの小さな雲がしみを作っていた。サイレンが二分間高らかに鳴りわたると、その音の響きはヘルツェルの丘の松や杉の木立にこだました。そのサイレンが止むと静けさは深まり、それが悲しみをいっそう増した。

私の右側に祖母と母が、そして左側には軍服姿のヨナタンが並んだ。一か月後に彼は軍務の期間が満了し除隊となろう。しかし、彼は兵士として大へん尊敬する亡き祖父に敬意を表して、軍服の着用を忘れていなかった。

私達の周りには、国連を構成する国々の重要な顔ぶれが揃って座っていた。クリントン米国大統領、ヨルダンのフセイン国王、エジプトのムバラク大統領、オランダ女王、英国のメイジャー首相、ドイツの大統領および首相、ロシア首相、国連事務総長ブートゥロー・ガリ……あとに残された祖父の家族は孤独ではなかった。

前日に国会で行なったように、ユヴァル叔父によるカディシュの朗唱をもって祖父の葬儀はいよいよ始まった。

ご自身のご意志のままに創造なされた世界において、称賛され、聖別された偉大な神の御名に誉れあれ。神があなた方の生と命、その日々とすべてのイスラエルの社会において、できるだけ早く、まもなく神の王国を確立されますように。アーメンと唱えよ。

神の偉大な御名が未来永劫、祝福されますように。

祝福され、称賛され、栄光に満ち、賛美され、称揚され、誉れ寿がれ、崇拝された聖なる御方の御名に寿ぎあれ。神に祝福あれ。世界中に語られたあらゆる祝福と賛美、称賛と歌を超えて称えられる御方よ。アーメンと唱えよ。

私達の生と命と全イスラエルのために、天からの溢れるばかりに豊かな平安が訪れますように。アーメンと唱えよ。

いと高き所に平安を創られし神が、私達や全イスラエルの民のために平安を創り給いますように。アーメンと唱えよ。

私は何とか上方に目線を置くと、背筋をぴんと伸ばしたままスピーチの番が来るのを待った。いつ自分の名前が呼ばれるのか私には分からなかった。私は他の人々のスピーチを何とか注意して聴こうとしたが、それはたやすいことではなかった。人々は心より悲しみの気持ちを込めて話した。しかし、私には彼らの言葉が頭の上を空しく通り過ぎていくように思われた。正直なところ、私は他の方々のスピーチをこと細かく思い出すことはできない。しかし、後にテレビで再び彼らの姿を見たとき、私には彼らが見慣れた人々のように思われた。それはまるで私の潜在意識の中に彼らの姿がしっかりと植え付けられていたかのようであった。

ヨルダンのフセイン国王は原稿なしでスピーチを始めた。かつては敵であった祖父のことを、今では「一人の兄弟、仲間、友人、人間、兵士」と呼び、彼の顔にはそんな男を失った深い悲しみの表情が現れていた。

彼は祖父の棺の方に向きを変えると、次のように言った。

「貴方は兵士として生きました。そして、平和を求める兵士として亡くなりました」

それから、彼はさらに言葉を続けた。

「彼は勇気ある男でした。……そして、彼は人間であれば持っている最高の美徳の一つを備えていました。彼には謙遜さがありました。……彼は勇気を持っていました。将来のビジョンを持っていました。そして和平に向けて行動しました。そして私はここに立ち、貴方の前で、我がヨルダン国民の前で、それから全世界の前で、我々が同様の遺産を残すことを保証するために、私は最大限の努力を傾注し続ける所存であります……」

クリントン大統領は祖父のことを「パートナーであり、友人である」と言った。ほんの二週間前にニューヨークで行なわれた国連の五十周年を記念する大晩餐会が始まる前に、祖父に黒のチョウネクタイを貸し、そのネクタイの向きを水平に直すのを手伝ったことを思い出すと、彼は悲しげな笑みさえ見せてこう言ったのであった。

「それは私が生きている限り大切にしようと思うひと時です」

しかし、クリントン大統領は祖父の和平への夢をどうしても絶やしたくなかった。そして彼はイスラエル人に対して、この悲劇の教訓に注意をはらうよう促した。

「あなた方の首相は和平を追い求めた殉教者でした。しかしながら、彼は憎しみの犠牲者でもあったのです。我々は彼の苦難から、もし人々がそれぞれの敵に対する憎しみをなくすことができないのなら、自分達自身の間に憎しみの種をまく危険をもたらすことを必ず学ばなければなりません。私はあなた方イスラエルの人々に私の国に代わってお願いしたいのです。久しく繰り返されてきた損失――古くはエイブラハム・リンカーン大統領に始まって、ケネディ大統領、マーティン・ルーサー・キング牧師に至る損失――というものを経験しましたが、どうかそのようなことが皆さん方の国に起こることのないよう切にお願いしたいのです」


シモン・ペレスはわずか二日前に、祖父と共に手を携えて「イスラエル王達の広場」で「平和の歌」を歌ったことを思い出した。

「貴方はご自分の遺言を私達に遺さずに逝ってしまいました。しかし、貴方は私達が誠実にしっかりと貴方の後に続いて進んでいくべき一筋の道を遺してくれました。我がイスラエル国家はいま悲しみに泣いています。私はこうした涙が国民団結のための涙、近隣諸国の人々との和平のための涙となることを切に願うものです」

と彼は祖父に語りかけるように言った。

イスラエルへの初めての旅となったエジプトのムバラク大統領は、少し硬い話しぶりで祖父のことを次のように語った。

「最も厄介な問題と取り組むために、過去の偏見にとらわれることのなかった勇敢な指導者であり、かつまたよく知られた政治家……」

私はシエヴェスのよく聞き慣れた声が聞こえてきたのを憶えている。彼が祖父と話し合っているのを私はこれまでしょっちゅう耳にしていた。今、彼は再び語り始めた。

「私達の親愛なるイツハク……貴方は愛すべき夫であり、父親であり、そして祖父でありました……三十年にわたって私達は共に手を携えて仕事をしてきました……そして私達の進む道は一度たりとて分かれることはありませんでした……私は貴方が大好きでした……首相、安らかに逝きたまえ。イツハク・ラビン、安らかに逝きたまえ」

私はいっそう自分の殻にこもり、そして彼の言葉をかみしめた。そして、それぞれの話し手はスピーチを終えると私達家族のもとへ歩み寄り、祖母に対して敬意を表した。

それから私の名前が呼ばれた。

兵士達は私を演壇まで案内してくれた。今やヘルツェルの丘をすっぽり包んだ深い静寂の中に言葉を注ぐのは私の番であった。私は会衆やメディアの人々を気にすることなく、この静けさに神経を集中した。その時、私の頭の中にあったのはただ祖父と家族のことであった。私は完全に祖父と共にその場にいた。そして祖父にも私と一緒にいることを感じてほしいと思った。

私は涙がこぼれそうになるのをこらえると、追悼の言葉を読み始めた。

「みなさん、和平については話したくないと思っているこの私をどうか、お許し下さい。私は祖父のことを話したいのです」

「おじいちゃん、あなたはいつも悪夢から私の目を覚ましてくれます。しかし、昨日来ずっと私は悪夢に取りつかれています。おじいちゃんのいない人生という悪夢に慣れてしまうなんて、私には不可能です。テレビはしきりにあなたの映像を流し続けて、決して止まることはありません。その中のあなたはとても躍動的で、つい私はあなたに触れることができるのではないかと錯覚してしまうほどです。……でもほとんどそうだと感じるだけで、もはや私にはそうすることはできないでしょう」

「おじいちゃん、あなたは宿営の前を進む火の柱でした。そして、いま私達は暗い宿営に残されています。とても寒く、とても悲しいのです」

「人々は国家的な悲劇という言葉で語り、そして国民全体を慰める言葉で語っているのを私は知っています。おばあちゃんが悲しみに泣き濡れているとき、私達はあなたのいないことによる途方もなく大きな虚しさを感じるのです」

「おじいちゃんのことを本当に知っている人はほんのわずかしかいませんでした。これからしばらくの間、人々はあなたのことについて語ることでしょう。しかし、その悲しみがどんなに大きく、そしてまた、この悲劇がどんなに大きなものであるか、すなわち何かが破壊されてしまっていることを人々が実際に理解しているようには感じられないのです」

「おじいちゃん、あなたはこれまでと変わらず、今もなお私達のヒーローよ。私が何か行動を起こしたとき、目の前に立つあなたの姿をいつも私が見ていることをどうか知っていてほしいわ」

「道行く私達の一歩一歩にあなたの理解と愛が注がれていました。そして私達家族の各々の人生はいつもあなたの価値観によって形成されました。何であれ決して見捨てることのなかったあなた自身が、今こうして見捨てられているのです。そして私の永遠のヒーローであるあなたは、ここに冷たくなって独りぼっちでいます。そんなあなたを救いたいのに、私は何もすることができないのです。おじいちゃん、あなたがいなくて私は寂しくてたまりません」

「私などよりはるかに立派な方々がここであなたのことをほめたたえて下さいました。でも、その方々の誰一人として私が享受したあなたの腕や柔らかな手に包まれるときに感じる喜び、私達家族だけに取っておいて下さったあなたの温かい抱擁を受けるに値する喜び、それからいつも私に多くのことを語りかけてくれたのに、いまはもうお墓の中で凍てついているあなたの半ば微笑んだあの顔の表情を見る喜びを得られた方はだれもいませんでした」

「私がいま感じている心の痛みや喪失感は大きすぎます。だから、とても復讐という気持ちは湧いてこないのです。私達がよりどころとしたものは足下から吹き飛んでしまいました。そして私達はいま確たるあてもなくこの虚しい空間をさまよい歩くために手探りしているところです」

「私はこのままおじいちゃんとのおしゃべりをずっと続けていたいわ。でも、おしまいにするしかないの。だから私のヒーローであるあなたにさようならを言います。そして私達は天の下であなたを深く愛します。だから安らかにお休みになってね。願わくは、私達のことを想い描いていただき、それから私達がいなくて寂しいと思って下さいね。天使達がいまあなたの周りに付き添ってくれている姿を私は思い浮かべています。そして私はその天使達に向かって、どうかあなたのことをよくお世話して下さいねってお願いするわ。なぜって、それはあなたが天使達の御加護を受けるに値する方だからよ」

「おじいちゃん、私達はこれからもずっとあなたを愛しています。永遠に」

私は強い人間でありたいと思って懸命に頑張ってみた。しかし、結局は泣き出してしまった。再び家族のもとへ戻ったとき、私は嗚咽《おえつ》を止めることができなかった。次の弔辞は祖父のスピーチ・ライターで近しい友人でもあるエイタン・ハベルであったが、私はもう彼の話は聞かなかった。恐らくそうする方が幸いだったのだ。もし彼の話を聞いていたら、私は耐えられないほど切ない気持ちになっていただろう。後日、テレビ放送でその時の彼のスピーチを聞いた時でさえ、私は悲しみに打ちひしがれたのだから。

ハベルは話し始めた。

「イツハク、これは最後のスピーチです。これから先、貴方に代わるべき人はいないと思うのです。まるまる一世代にも相当する三十五年以上もの間、貴方は私の先生であり、カウンセラーであり、リーダーでした。そして貴方は私の父でもありました……」

それは確かに最後のスピーチとなった。これに応える祖父のスピーチはもう有りはしないのだから。

祖父の棺をヘルツェルの丘にある墓に埋葬する時が来ていた。その墓には元首相のゴルダ・メイア女史のようなイスラエルの歴史上の人物が埋葬されていた。この場所こそ祖父が永遠の眠りにつく所である。私達はみな彼から何かしら恩恵を受けていた。そして今、私達もまた各自にゆかりの品を彼とともに埋葬していた。無言の会衆がその墓の周りに集まってきた。すると誰かのささやく声が私の耳元に届いた。

「貴女は、おじいさんにどのように話せばよいかを知っている唯一の人でしたね」

私はその声をどこかで聞いたことがあった。ふと見上げると、それはクリントン大統領であった。

祖父の棺はゆっくりと墓穴の中へ降ろされていった。私は心の中で、これは棺ではなく一人の人間なのだと言い聞かせた。祖父の棺を抱える人々はその重みと闘っていた。そして、一瞬棺が滑り落ちそうになった。私はその時、まるでナイフが突き刺さるような深い痛みを腹部に感じた。

追悼者が一人ずつお墓の前までやって来ると、みなそれぞれユダヤの伝統に従いシャベルで棺の上に土をかけた。私はあの土のことや棺の上に土砂が降りかかる時の音を決して忘れはしまい。私は身震いして母の背後からその肩に寄りかかると、そこへ自分の額を預けた。母は私の身体を支えてくれ、そして私は母を支えた。なぜ私達はこのような恐怖を生き抜いてゆかねばならなかったのだろうか?

兵士達は銃を掲げると、三発の礼砲で敬意を表した。私はこの音にすくんだ。祖父は永遠にヘルツエルの丘に留まるのである。祖父はもう私の手の届かないところへ行ってしまっていた。ああ、すべてが終わった。

家族全員がラマト・アビブに戻ると、私達は祖父を別の角度から思い出すことによって、その日の恐ろしさを脇の方へ置いておこうとした。ヨナタンと私は一緒に椅子に腰掛けると、私達が祖父と共に過ごしたあの佳《よ》き日々の思い出を語り合った。

その翌日に、私達は二人でギディ・ゴヴのテレビのトークショウに出演し、まるで祖父がまだ生きているかのように彼のことを語り続けた。祖父が亡くなってまだ間もないのに、どのように彼のことを過去形で語ることができるだろうか？　私達は祖父に因《ちな》んだ話――首相としての彼ではなく――を語り合った。そして、私達は大いに笑った。祖父の思い出はどれをとっても、それらはみな私達をほのぼのとした暖かさで包んでくれた。佳き思い出から生まれた笑いは楽しいものであった。

私達がゴヴのショーに出演したのは、もちろん偶然からではなかった。彼はわずか三日前のあの恐ろしい土曜日の楽しい一面を象徴する人物であった。彼は祖父と最後に語った人達の一人であった。楽しくもあり、悲しくもある祖父にまつわる会話の進行役として、確かに彼は最も相応《ふさわ》しい人物であった。彼と共にある時にのみ、私達は少しも違和感なく気楽に笑える気持ちになった。事実、人を追悼するやり方にルールなどありはしない。笑いというものは、時として悲しみよりももっと人の心を揺さぶることがあり得るのである。

十一月十二日に、私達は「イスラエル王達の広場」に戻ってきた。五十万人を超える人々が祖父に敬意を表すために、今は「イツハク・ラビン広場」と呼ばれるこの場所にやって来た。私は八日前に祖父が立っていたその同じステージの上で家族と共に席についた。私達の背後には祖父の巨大な肖像が掛けられていた。それはまるでこの集会を見下ろし、そしてキャンドルと涙の海を見つめているようであった。祖母はそのスピーチの中で亡き夫に語りかけた。
「貴方が亡くなったとき、イスラエルははっと息を止めたわ……イツハク、たとえ貴方が自分の目で見ることができたとしても、あるいはこの一週間のあいだにこの国に起こっていることを私が貴方にすべて伝えることができたとしても、貴方はどうしても信じないでしょうね……何千人という人々が世界の隅々からはるばるこのイスラエルの地までやって来てくれたり、ユダヤ人、イスラム教徒、キリスト教徒が……貴方はこんなことを信じられるかしら？どうか私の言うことを信じて下さいね」

この広場ではおよそ三万人の若者達が徹夜をした。彼らはキャンドルの灯の周りに思い思いに集まり、平和の歌を歌った。暗殺現場に近い石の壁は寄せられた何百もの祖父へのメッセージ、詩、絵などで覆われ、さながら捧げ物のパッチワークとなっていた。祖母の言ったことは正しかった——これまでそのようなことは決して起こりはしなかった。もし祖父がその光景を自分自身の目で見ることがなかったならば、彼の謙遜さと現実主義はそのようにあふれるばかりの支援の輪が生まれるのを可能にしたのだということを信じる妨げになったことだろう。これまで祖父はどこかで私達を見守ってくれていたし、今でもなお、びっくりしながら私達を見つめているという思いを私は捨てきれないでいる。

祖父の死後、イスラエルはもとより世界各地から多くのお手紙を頂戴《ちょうだい》した。だが、それらの手紙の大多数にまだ返事を差し上げることができないでいるのを恥ずかしながら認めざるを得ない。これはひとえに私自身に手紙を書く力量が不足していることに他ならなかった。また、印刷された型どおりの返事では、受け取った方々のどなたからも満足していただけないのではないかと感じた。私はいつの日か頂戴したすべてのお手紙に返事を差し上げたいと願っている。頂戴したお手紙に私は深く感動したし、またそれらは自分が独りぼっちではないことを教えてくれた。

世界中の大勢の人々が祖父の死を大きな政治的悲劇として見たことは明らかだと思う。私はラビンの孫娘であった。そして、彼らは私に手を差し伸べてくれた。しかし、彼らもまたこの私をイスラエルの子供、祖父が生命を賭けて求めた和平の象徴として見たのだと思う。

大勢の方々から頂いたそれらの手紙のすべてに目を通した後、私は再び書き、自分の記憶を細かく辿《たど》り、自分の感情を解き放ち、そして書面で祖父に話しかけることができたのであった。この本を書くことは、自分の心の中に祖父が生き続けるための私のやり方であった。また、それは誰もが祖父のことを忘れずにいてくれることを確かなものにしたいと願う私なりのやり方でもあった。

エピローグ

この本を書き始めるのは私にとって決してたやすいことではなかった。すべてが生々しく、そして心の痛みは依然としてひどかった。私の頭の中では飛び散った鏡の破片のように理念、考え、感情、不確かさといったものが反射したり歪んだりしながら、理性ないしは感情のいずれかに従うことを拒否しながら駆け巡っていた。私がかろうじて思いついたことは、わずかに「あなたがいなくて本当に寂しいわ、おじいちゃん」ということだけであった。

そして、まだ言い忘れていることがありはしないかと、私は思案を続けていた。

祖父の葬儀で偉大なリーダーの方々は、祖父のことを雄弁に語っていた。私は棺の中に横たわっている祖父に向けて最後のお別れの言葉を話した。世界中の新聞が長大な祖父の追悼記事を掲載していた。ラジオやテレビの放送局は、長時間かけて祖父の生涯の解説をいつまでも続けていた。そのような賛辞の合唱の中に身を置くことのできた人物は、これまで稀にしかいなかった。

そして今、世界は動いている。ワシントンをはじめロンドン、パリ、その他どの国の政府もそれぞれ他に問題を抱えて思案していた。イスラエルはシモン・ペレスを新首相に迎えた。和平プロセスは徐々に進捗《しんちょく》の度合いを増しているように思われた。ＰＬＯがヨルダン川西岸地区で支配する町はもっと多くなっていた。シリアとの政治的解決に希望さえ出てきた。それから爆弾がイスラエルに降り注いだとき、和平の前途には何と多くの障害があるかを想起させられたのであった。将来の方針を決めなければならないという時に、過去を振り返っていてよいのだろうか？

しかし、私は書かなければならないと感じた。私の心の中に節くれだった木のように大きく根を張った悲しみに慣れてしまう自分が怖かったからだ。私は祖父の人生を十分に理解できる時まで、彼の死を受け入れたくなかった。

私は書くことが好きであった。そして祖父はそんな私をいつも欠かさず励ましてくれた。生前、彼に読んでもらうために私が折にふれて書いていた詩を綴じ込んだフォルダーを、彼はいつも保管していた。今、祖父の死に際して私は彼のために書き続けた。私は彼の思い出の数々を集めて、それを一冊の本にまとめた。私はいずれその完成を見届けることになるけれども、この本は彼に捧げるものである。

私がこの本を書こうと決めたことには、どこか自分本位のところがあったことは否めない。書くことが悲しみを癒やしてくれたり、それからまた祖父なしで生きていかなければならないという恐れを克服する助けとなった。祖父の死によって私の人生における一つの章が終わりを迎えた。そして祖父を死に導いた銃弾もまた、私に無邪気な子供時代が終わったことを告げた。そして今、祖父はもはや私の人生の一部として存在しないという新たな現実に、私は正面から向き合わなければならない。

しかし、私も何か貢献できると思う。これまで祖父について色々と書かれたり、言われたりしてきてはいるが、祖父のことをよく知る人は必ずしも多くはなかった。私が賛美する対象としての祖父しか知らないのは事実である。しかし、ほんの少数の方々が持っている祖父に対する見方と同様、私はすなわち温かい愛すべき人間として祖父を見た。彼の存命中は自分の祖父が誰であるかについて、私は極力沈黙を守った。しかし、その祖父が亡くなった今、この本を書くことは世界中の人々とともに彼を共有したいと願う私なりのやり方でもある。

振り返ってみれば、私はこれまで祖父との個人的な長い旅路を歩み続けてきたような気がする。そしてまた、このことが私に心地良さを与えてくれた。しかし一方で、それはまた政治家であり和平を作り上げた祖父の別の一面を発見する航海でもあった。生前、祖父の小さな外交官であった私は、いま彼の佳《よ》き思い出を守るとともに、彼の意図したことを前進させるべく特別な責任を感じるのである。

とりわけ、私の祖父に対する思い出が若い世代に共感をもって迎えられるなら、それは本当に有り難いことである。イスラエルの若者、近隣アラブ諸国の若者、そしてその他の若者に是非ともこの政治家の背後に、正直さと原則を大切にした一人の人間、そしてまた中東の和平は実現できるという自分の夢を信じ続けた一人の人間がいたことを知って頂きたい。また、私はこの一人の政治家が人々を鼓舞する源泉たり得ることをどうか皆さんに知って頂きたいと思う。

私は、すべてのイスラエルの若者を代弁していると主張することはできない。自分が特権的な環境に育ったことを私は認識している。「ラビンの孫娘」であることに関して特有のことはなかった。しかし、私は公立の学校に通い、民主主義社会の中で育ち、そして兵士になった。だから、私は大多数のイスラエルの若者が平和な生活を送りたいと考えていることが心から分かるのである。

イスラエル人は互いに仲良く暮らすことができるのだろうか？　私達イスラエル人は近隣諸国の人々と平和にやっていけるのだろうか？　祖父の生命を奪ったのが純粋な憎しみであったと考えるとき、私の楽観主義はぐらつく。しかし、そんな時に私は祖父だったらどのように反応しただろうかと思い浮かべるのである。

「ノア、やろうとすることが正しいことなら、不可能なことなどないんだよ。失敗はさらにやり続けてみるための一つの理由でもあるんだよ……」

祖父の死は、すべてのイスラエル人に対して、和平の実現によってイスラエルの将来はこれまでとは違ったものになり得るのだということを説得しきれなかった彼の失敗に対して払った大きな代償であった。私の家族が失ったものは取り返しのつかないものである。そして、たいがいのイスラエル人はやり切れない思いをしている。しかし、私達残された者が引き続き和平実現のために尽くすことを祖父は望んでいるように思えてならないのである。

この私の本に対して、祖父ならどんな反応を示すだろうか。私は思い浮かべてみた。目を閉じると、まず自宅で椅子に腰掛けた祖父が現れる。彼は明るい色のTシャツを着て、新聞を膝の上に置き、そして口元に少し笑みを浮かべている。彼はメガネ越しに好奇な眼差しを私に向けている。それはまるで私に次のように尋ねているようである。

「ノア、ところで君が書いてる本の進み具合はどう？　その中で君は私の秘密を全部暴露してるんだろうね？」

しかし、目を開けると、私の前にはどんな本よりもずっと大きな一人の男が現れる。それは後に残された孫娘や嘆き悲しむ家族よりも遥かに大きな影響を遺した人間であった。

祖父はこの国の歴史の舞台に立ち現れた。そして彼には歴史の一ページをめくる勇気と想像力があった。不可能と思われることに手を伸ばし、もう一歩で手の届くところまでそれをたぐり寄せた。それから彼が亡くなったとき、イスラエルはもとより中東地域や世界に希望という遺産がのこされた。

イスラエルに対する国の内外からの脅威のすべてに対して、私達国民は注意を怠ってはならない。だが、私達が和平プロセスを完遂することは私達自身に対する義務である。また私達は祖父に対しても和平を達成する義務を負っている。祖父の葬儀におけるいかなる追悼の辞や回顧談よりも、和平の実現こそが彼の生涯にとって永遠の記念碑となるだろう。

彼の思い出に恵みがありますように。

一九九六年三月

追伸

一九九七年二月　イスラエルにて

敬愛するおじいちゃんへ

暗黒の日となったあの安息日《シャバット》からもうすぐ一年半になります。その時から今日までの間に、残された家族や私自身に起こったことをいま振り返っているところです。おじいちゃんのこと、殺人のこと、あなたを失った心の痛みや涙の海のことについてはほとんどすべてが語り尽くされた感があります。しかし、私はこの過ぎ去った時間を完全には総括することができないでいます。依然として心が痛み、そして、ちょうどおじいちゃんの死の余波の真っただ中にいるように、あなたに話しかけ、もっと話をしたいと願っている私自身に気が付くのです。

おじいちゃん、この一年半という期間はそれ以前の日々とはまったく異なるように思えてなりません。私達は以前の生活パターン——家族——を維持しようと懸命に頑張っています。でも、それは以前と同じではありません。あなたの周りにできた人々の集まりはどれも愉しかったわ。しかし、いま私達はあなたの存在しない所に集まっています。私達はまるで肝心の一枚が欠けたジグソー・パズルのようです。そこにすき間ができていることを私達は分かっています。私達はそのすき間と共に日々を生きています。でも、そのすき間をどうしても埋めることができないのです。

あなたの存命中、私達家族は大へん辛い時期を一緒になって切り抜けましたが、それでも私達は常に物事を楽観的に見るようにしていたし、私達に降りかかった運命を幸せなものとして肯定的に受け入れるようにしました。今はそうではなく別の見方をしています。いま私を見つめているあなたを想像しようとするとき――そうすることは難しいのですが――、私はもはやあなたが知っていたほんの一年半前の女の子ではないのです。

あなたが殺害された後、私はあなたに関する本を書きました。そして、この本はあなたに捧げるものです。私はこの本を書くことによって、何とかして従弟のミハイルと兄ヨナタンと私の三人の孫たちが知っているおじいちゃんとしてのイツハク・ラビンを共有するとともに、その生命が失われることのないようにしたいと思いました。この本が出版されたのを機会に、私は軍新聞から一か月の休暇をもらって、あなたの話をするために米国やヨーロッパの各地を旅してきました。私は訪れた各地でおじいちゃんのことについて愛と憧れの気持ちを込めて話しました。そして話せば話すほど、そんな私の気持ちはいっそう強くなるだけでした。

おじいちゃんは人前やメディアとのやりとりで、常に正直であることを誇りにしていました。たとえ、そのために人々が望んでいることにぴったりの答えを彼らに与えられなかったとしても、あなたは決して「ショー」のために自分の感情を偽装することはありませんでした。私はあなたを見本にして何とか同じようにやってみました。

行く先々で私を迎えて下さった人々の温かさと寛大さには圧倒されるばかりでした。ユダヤ人も非ユダヤ人もあらゆる階層の人々が、みな心からあなたのことを気にかけてくれました。私はいつも彼らが私に投げかけてくれた同情の言葉に、時には感動のあまりぼーっとなりながら、一つの国や文化圏や時間帯から別のそれへと移動しました。

しかし、それから私は何かが気になり始めたのです。おじいちゃんと私は別々に引き離され、お互いの距離が次第に大きくなっていくように感じることが時々起こりました。そんな感覚に私は耐えられませんでした。そして、私はパニックに陥ったのです。私は考えるようになりました。何がおじいちゃんを幸せな気持ちにして、そして何が悲しくさせるのだろう？どうすれば、おじいちゃんは私のことを誇りに思ってくれるのだろうか？——そしておじいちゃんが恥ずかしい気持ちになるのはどんなことなのだろう？

私が軍新聞の仕事を辞めて軍の将校になるために応募しようと決心したのは、そんな時でした。それは私にとって重要な一歩でした。なぜなら、ヨナタンが軍の将校になるのをおじいちゃんはどれほど強く望んでいるのかを、私は思い出したからです。私自身が将校になることによって、なんとか少しでも長くおじいちゃんを自分の傍らに留めておきたいと考えました。それからまた一方、ある意味で三つの銃弾がこの世からおじいちゃんを奪って以来、いっそう不安定で危険な状態になったと思われるこの世界で、あなたは私を何とか守ってくれるに違いないとも思いました。

あなたの葬儀の日とその後の何か月のあいだ、まるで世界は回ることを停止してしまったかのようでした。今度ばかりは誰の考えもみな一致しているように思えるのでした。「イツハク・ラビン」はもうほとんど「和平」と同義語となりました。イスラエル国内はもとより海外でもあなたを記念して新しく病院、公共の広場、街の通り、学校などが新しく作られたり、あるいはあなたの名前に改名されたりしました。お母さんやおばあちゃんは世界各地より招待を受け、あなたの代わりに賞を頂いたり、あなたに敬意を表して開催される集会に参加したりしました。

しかし、それだけではありません。後継者の方々によって引き継がれたあなたの和平政策は人々に受け入れられ、そして称賛されました。まるで売国奴などと呼ばれた人はこれまでいなかったかのような有様です——とりわけあなたについては。この押し寄せる善意の波のうねりは新しい時代の始まりを象徴しているように思えました。でも、そのことを懸命に信じようとすればするほど、心の奥深いところで私はこの融和はとても脆《もろ》いものであり、そして悲しいかな、ほんの一時的なものであることが分かりました。

二月には——あなたが暗殺されてからまだ半年も経っていないというのに——イスラエルにテロの波がやってきて、その場に居合わせた罪の無い人々の生命を奪いました。重大な罪を犯す者たちは無差別の殺人を唱えていました。何と言うことでしょう、彼らの最終的な目標は和平プロセスを葬り去ることでした。

おじいちゃん、あなたはもはやイスラエルの民の目をじっと見つめ、彼らの恐れを和らげたり、ほっと安堵《あんど》させたりすることはありません。あなたはもはやここに立ち現れて、国民を気遣うこともないし、またこの危機を乗り切っていくに相応しい知識と経験を備えていることをあらゆる人々に確信させることもないのです。右翼圧力団体の批判に対して答えることのできる人物がイスラエル国家のトップにいたこと、たとえそれが直ちに解決とはいかなくても、少なくともじきに解決方法を見いだしてくれるものと信頼できる人物が存在したことを知らしめることもないのです。

あなたが私達の心の中に残していった、とてつもなく大きな空虚さは、もう家族の誰もがはっきりと意識していました。あなたに代わる人はいないし、そしてまた、あなたのようにイスラエルの全国民に対して指示を出すことができる人は誰もいないように思えるのでした。それから一九九六年五月二十九日に私達は大きな一撃に見舞われました——総選挙における労働党の惨敗です。私達は、あなたがもう一度殺害されたような思いがしました。しかし、今回の場合は和平への道があなたと一緒に葬り去られてしまったのです。私達はあなたを死に至らせてしまいました。いま私達はうつろな気持ちでいます。次に私達にやって来るのはどんな運命なのでしょう?

救いといえば、あなたが私達に残していった進路以外にこの国の安全な道はないことをあなたの仇敵でさえ気が付いていることを私達国民が知るのは、時間の問題にすぎないことでした。あなたが工夫をこらし日夜苦労して作った和平協定書は、今や名前の異なる別人によって署名が行なわれようとしていました。

実際に首相のベニヤミン・ネタニヤフは、ヤセル・アラファトと会うことに同意しました。ヘブロンは委譲され、パレスチナ側の支配するところとなりました。ヨルダン川西岸地区の自治は論議する価値のある問題となりました。あなたが予見していた変化は一つひとつ現実のものとなっていました。——彼らは具体化するために話し合いにいっそう長い時間をかけるようになりました。しかし、それでも彼らは現実的になりつつありました。

後知恵《あと》になりますが、この状況は大へんな皮肉と言うほかありません。どんな劇作家だって、実際にあなたに降りかかった運命より悲劇的なストーリーを決して想像することはできませんでした。その筋書を要約すると、こんな具合になります。和平という制服に身を包んだ一人の戦士が、長らく闘ってきた戦闘の最終局面において一人の同胞によって殺害されます。和平へ向けてどれが正しい道筋であるかについて激しい論争が繰り広げられた結果が、この殺人というわけです。しかし、その終幕において、暗殺された犠牲者の敵方で、あの殺人犯の支持を受けた人物たちがおじいちゃんの敷いた、まさしく同じ道の上を歩いているのを見ることができます。これってギリシャ悲劇を構成する題材ではないかしら？

でも、おじいちゃん！　私の言うことをどうか信じて下さい。この和平はあなたのものなのよ。たとえあなたが名誉とか信用とかいったものを決して求めたりしなかったとしても、あなたがそのことを知っておくことは大事なことだわ。この和平はあなたのもの。そして、まったくとんでもない不公正が行なわれても、結局はあなたが勝利したという事実に私は慰めを見いだすのです。
あなたが天国から私達を見守りながら考えているに違いないことって何かしら。現実に起こりつつあることで、あなたには見ないでほしいと思うときが何度もありました。なぜなら、あなたがそんなものを見たらきっと落胆なさるでしょうから。一方で、あなたがどんな時でも、いつも私達と共有して下さったらよいのに、と切に願うことも度々あります。今でもなお、私はいつもおじいちゃんがいなくてとても寂しい気持ちになるのです。でも、あなたの勇気と立ち直る力を思い出して、なんとか気丈であろうと私は頑張っています。

おじいちゃんのいない寂しさの中で

ノアより

家族の支援がなかったなら、この本は決して日の目をみることはなかっただろう。この本が出来上がるまでのあらゆる段階で、いつも私に対して惜しみなく手を差し伸べてくれた彼らの励まし、助言、忍耐に感謝するものである。

《完》

訳者あとがき

本書は原題「*In The Name of Sorrow And Hope*」（悲しみと希望の名において）の全訳です。イスラエルの元首相でノーベル平和賞の受賞者イツハク・ラビンについて、その孫娘で当時十九歳のノアが在りし日の祖父を回想し、彼の遺志となった和平の実現を願ってその思いを率直に綴った手記です。ラビン首相は、これからの若い世代のためにパレスチナ人との和平実現を目指して、それまで敵対していたＰＬＯのアラファト議長との間で和平を推進し、和平までの道筋を規定した「オスロ合意」締結までこぎつけながら、あと一歩というところで、和平反対派のユダヤ過激派青年によって一九九五年十一月四日、暗殺されました。この本の中に書かれた彼女の思いは、イスラエルの若い世代の多くが心に抱く悲しみと希望を代弁しているものと言うことができます。

原書はまず一九九六年四月に米国の Alfred A Knopf 社より出版されましたが、本書は一九九七年八月に、ラビン一周忌を期して祖父暗殺後のイスラエルの社会情勢をノアが祖父へ報告する形で「追伸」を書き加えた Shocken 社版にもとづいて和訳したものです。平和を希求する十九歳の瑞々《みずみず》しい感性が、各ページのすみずみに感じられる作品です。原書は日本語版よりも先にドイツ語やフランス語にも翻訳されています。

著者であるノアは、両親（父はイスラエル国防軍の将校、母ダリアはラビンの長女で弁護士、元国会議員）の事情によって、幼い子供時代を兄ヨナタンとともに祖父母のもとで育ちました。いつも近くで祖父を見てきた孫娘ノアは、自分や家族の目に映った素顔のラビンを全編にわたり〝おじいちゃん〟として描写しています。これによってラビンが人間としてどのような人物であったか、読者は理解できるものと思います。また、最も危険な挑戦であるにもかかわらず、ラビンが和平を追求しなければならないと考える必然性が、説得力をもって描かれています。しかしこの本は、単に孫娘が祖父を説明する以上のものを私たちに伝えています。それはユダヤ人とアラブ人の間の恒久的な平和を、必死で求める力強い感情のこもった十九歳の叫びでもあります。

ラビン首相は、ウクライナ出身の父とロシア出身の母との間に一九二二年、英国委任統治領パレスチナのエルサレムで生まれました。この地でユダヤ人が生存していくために、周囲を取り巻くアラブ諸国と独立戦争を戦った兵士から、やがて国防軍の参謀総長、さらに駐米大使を経て政界のリーダーへと変貌をとげました。敵を最もよく知るラビンが、それまでの戦争の流れから和平へ転換する勇気ある決断をしたのです。そして、東の隣国ヨルダンのフセイン国王との間で二十年にもわたって秘密裏に交流を続け、一九九四年にはヨルダンとの和平条約を達成しました。若い世代のための恒久的和平を探求したラビンの軌跡が、この本からうかがい知ることができます。

そして、祖父の死からわずか六か月が過ぎた時期に書かれた本書は、若者の苦悩と誠実さが至るところにあふれています。まず自らを省みることなく他のせいにするのは中東地域の人々にありがちなことですが、本書はむしろイスラエル国内の宗教右派に厳しい目を向けています。

イラクのフセイン大統領がクウェートに侵攻した当時、イラク軍のスカッドミサイル攻撃を受けてイスラエルでも多数の死傷者を出しましたが、そうした状況にイスラエルの若者たちが何を思って日常生活を過ごしていたのか。高校を卒業すると男女共に兵役の義務によって、本人はもとより家族も日々死を考えなければならないこと。国民の安全が最優先に考えられること。第二次世界大戦中のアウシュヴィッツのユダヤ人絶滅収容所訪問のこと。国家の教育交流プログラムの一環で英国に派遣され、現地の高校生にはほとんどイスラエルの知識がないか、誤った知識であったこと。祖父ラビンの暗殺による国葬で家族を代表して行なったスピーチのこと。クリントン大統領やアラファトの印象のこと等々が本書によって読者は知ることになります。

ラビン首相の死はイスラエルにとってはもちろんのこと、敵対するパレスチナのアラブ人にとっても大変大きな損失であったことをこの本は知らしめています。そして大切なことは、世界の対立する民族が平和と共存へ向かわなければならないこの二十一世紀に、ラビンの死を単なる悲劇として終わらせるのではなく、彼の遺志となった和平を実現することにあるのだと思います。十八歳で親代わりであった祖父を失い、その半年後の十九歳で本書を書いた著者の平和を求める心からの願いを通して、平和について広く日本の方々に考えていただきたいと訳者は願っています。

パレスチナ問題の直接的な原因は、第一次世界大戦のさなかに英国政府がユダヤ人とアラブ人のそれぞれに対して相反する約束をしたことに端を発しています。このユダヤ人とアラブ人のパレスチナの土地をめぐる激しい対立は、今もって解決の兆しは見えておりません。双方の側の主張にはそれなりのもっともな理由があります。それゆえに、お互いが満足する魔法のような解決法などありません。両者とも妥協して平和な世界を共に創り上げるために地道な努力をする以外に共存の道はないのです。「オスロ合意」締結の当事者であったラビン暗殺後、もう一方の当事者であるアラファトは妥協を一切拒否し、何度もあったパレスチナ国家建国の機会を逸したまま、二〇〇四年に亡くなりました。

私たち日本人として重要なことは、これまでのような石油のためにアラブ諸国に迎合するかのような姿勢をとるのではなく、パレスチナの地で双方の将来世代が平和に暮らせるために速やかに和平を実現し、人々が限りある人生を実り豊かに過ごせるよう積極的に支援したり苦言を呈したりしていくことではないでしょうか。

ところで、第二次世界大戦の敗戦から七十年近くになる日本。戦後は一貫して経済中心の国家運営を続けた結果、世界有数の経済先進国となりました。一方、安全保障の面では米軍による占領統治に続く米軍基地の存続や憲法上の制約と日米安保条約による補完によって、米国の保護国としての地位に甘んじてきました。欧米先進国ではごく当たり前の〝自分の国は自分で守る〟という基本を忘れ、いつの間にか今日では多くの日本人の中にいわゆる〝平和ボケ〟が蔓延《まんえん》するようになりました。ところが、東アジアの隣国は不条理な言動で我が国に迫っています。また、人口減少、経済低迷、政治の低迷、社会の隅々に事なかれの風潮が見えます。このように弛緩《しかん》した日本の現状を考えるとき、私たち日本人は今こそ大改革を必要とする重要な岐路に立たされているのではないでしょうか。

そこで、イスラエルに着目してみたいと思います。筆舌に尽くしがたい苦難の末に建国し、独裁政権が支配するアラブ諸国に囲まれ、何度も大きな戦争を強いられ孤軍奮闘する地域唯一の民主主義国家です。例えば、建国の歴史的背景や理念から考えても、国民の間に明確な安全意識を持つイスラエル人に対して、島国という地理的条件のためか、自分の国は自分で守るという意識が希薄な日本人。敗戦後の日本とほぼ同じ時期をその建国以降に共有していながら、置かれた境遇をはじめ、多くの点で日本とは対照的なイスラエルを対比させることによって、今日の日本の弱点が見えてくるとともに、今後の進むべき道を考える上で、日本の若い世代の方々にも何らかの示唆が得られるのではないかと思います。

残念ながら、これまで日本では中東地域の知識や情報が少ないために、イスラエルへの日本人の関心は薄く、もっぱらエネルギー調達という面から石油産出国としてのアラブ諸国の方に関心が向かいがちでした。アラブの独裁者が権力維持のために外敵イスラエルとの戦争を必要とし、かつ負け続けてきたアラブ諸国に同情が寄せられ、強かったイスラエルに非難が集中するパターンが定着してきました。学者、ジャーナリスト、作家などの多くはアラブ寄りの発言や記述を繰り返しています。それは日本人特有の判官《ほうがん》びいきか、あるいは事なかれや自己保身か、言論自由の民主国家イスラエルに対しては激しく批判するが、独裁的なアラブ諸国に対し反発を恐れて批判しない姿勢は、ちょうど共産党独裁による言論統制下の中国を批判せずに、言論自由の米国を叩いて飯のたねにする一部のジャーナリストの姿勢に似ています。しかし、今回の一連の「アラブの春」からも明らかですが、独裁的なアラブ諸国自身が内部に多くの問題を抱えていることも、中東和平への障害になっているのです。

イスラエルの地は、古来より聖書の舞台でもありました。そして西洋文明の底流には古代ギリシャのほかにユダヤの文明が流れています。また日本との関わりで言えば、日露戦争の戦費調達で支援してくれたユダヤ人の銀行家シフ、第二次世界大戦中にユダヤ人をヨーロッパから脱出させるために六千人分の通過ビザを手書きで発行し続けた日本人外交官の杉原千畝、日本歌曲を自らの演奏を通じて世界に広めてくれている英国ロスチャイルド家のソプラノ歌手シャーロットさん、世界的に有名なヴァイオリニストの故アイザック・スターンさんなどが知られています。最近では二〇一一年東北大震災の際にイスラエル軍の医療チーム五十三人が宮城県三陸町でクリニックを開設して医療支援活動を実施、レントゲン装置等の最新医療機器を地元の病院に寄贈して帰国したことも、ユダヤ系の人々と日本との関わりで特筆されることです。

思えば月日の経つのは早いものです。私が早稲田大学グリークラブ（男声四部合唱団）の一員としてイスラエル政府主催のツィムリア合唱祭に参加のため同地を訪れた時から、早や四十三年が過ぎました。当時のイスラエルは建国からまだ二十年余りの新しい国で、人口も僅か二百五十万人でしたが、アラブ諸国との第三次中東戦争で勝利した後でしたので、人々の表情には安堵《あんど》の気持ちが現れており、国づくりのために懸命に励んでいる彼らの姿がとても印象的でした。私たち合唱団員も演奏会の合間をぬって、キブツ（共産制の集団農場で有事の際は防衛の最前線として敵と戦います）が運営する果樹園で、テノールからバスまで四つのパート別に分かれ梨《なし》もぎをして心地よい汗を流しました。それから、あの時代にすでに畑や植栽には定時になるとスプリンクラーから自動的に散水が始まってびっくりしたことなど、今も懐かしい思い出として心に残っています。

ところが、その二年後、都倉栄二・駐イスラエル日本大使（作曲家都倉俊一氏の父君）は日本赤軍を名乗る日本人三名によるロッド空港（現ベングリオン空港）乱射事件により、その後始末のため大変なご苦労を強いられることになりました。被害者の多くは聖地巡礼のためにイスラエルを訪れたプエルトリコ人のキリスト教徒たちでしたから、この一般市民に対する赤軍派の理不尽な行為はほとんど理解不能とも言えるものでした。唯一生き残った犯人の岡本はその後、アラブ人の間で英雄として祭り上げられることになります。こんなことがあってよいのだろうか、という当時の個人的な思いが、その後ずっと中東問題に関心を持ち続ける動機となりました。そして本書を翻訳することにつながっています。

最後になりましたが、これまで日本では紹介されることのなかった本書に一筋の光を当てて下さった㈱ミルトス社長の河合さん、谷内さんには訳者として深く感謝いたします。

二〇一三年九月十三日　オスロ合意調印二十周年の日に

石坂　廬

● 著者紹介

ノア・ベンアルツィ・ペロソフ（Noa Ben Artzi-Pelossof）

1977年イスラエルのテルアビブで生まれる。母親ダリアは、イツハク・ラビン首相の長女。幼児期から、祖父と共に生活し育つ。1994年イスラエルの若者による親善使節団に加わり、英国に行く。1995年6月ヘルツェリアのハリショニーム高校卒業。同8月国防軍に入隊。11月4日祖父ラビンが暗殺され、6日ヘルツェルの丘にて国葬の際に弔辞を述べる。

● 訳者紹介

石坂　廬（いしざか　いおり）

1946年関東州大連市（現中国東北部）生まれ。早稲田大学卒業（英国海上保険専攻）。日本火災海上保険（株）に32年間勤務の後、笹川平和財団、日本振興銀行、三井不動産住宅サービス勤務。海外との文化交流で、これまで1970年イスラエルを、その他西ドイツ、オーストリア、ラトヴィア、英国、中国、台湾を訪問し、合唱祭や演奏会に男声合唱団員として参加。現在 稲門グリークラブ会員、日本ラトヴィア音楽協会会員。

In the Name of Sorrow and Hope by Noa Ben Artzi-Pelossof
©Editions Robert Laffont, Paris, 1996
Japanese translation rights arranged with
SA. Editions Robert Laffont, Paris
through Tuttle-Mori Agency, Inc., Tokyo

悲しみと希望　ラビン首相の孫が語る 祖父、国、平和

2013年10月10日 初版発行

著　者　ノア・ベンアルツィ・ペロソフ
訳　者　石　坂　廬
発行者　河　合　一　充
発行所　株式会社　ミ　ル　ト　ス
〒102-0073　東京都千代田区九段北 1-10-5
九段桜ビル 2F
TEL 03-3288-2200　FAX 03-3288-2225
振替口座　00140-0-134058
http://myrtos.co.jp　pub@myrtos.co.jp

印刷・製本　日本ハイコム　Printed in Japan　ISBN 978-4-89586-157-1
定価はカバーに表示してあります。

〈イスラエル・ユダヤ・中東がわかる隔月刊雑誌〉

みるとす

●偶数月１０日発行　●Ａ５判・８４頁　●１冊￥６５０

★日本の視点からユダヤを見直そう★

本誌はユダヤの文化・歴史を紹介し、ヘブライズムの立場から聖書を読むための指針を提供します。また、公平で正確な中東情報を掲載し、複雑な中東問題をわかりやすく解説します。

人生を生きる知恵　ユダヤ賢者の言葉や聖書を掘り下げていくと、深く広い知恵の源泉へとたどり着きます。人生をいかに生き抜いていくか——曾野綾子氏などの著名人によるエッセイをお届けします。

中東情勢を読み解く　複雑な中東情勢を、日本人にもわかりやすく解説。ユダヤ・イスラエルを知らずに、国際問題を真に理解することはできません。佐藤優氏などが他では入手できない情報を提供します。

現地から直輸入　イスラエルの文化・食生活などを現地からご紹介したり、「イスラエル・ミニ情報」は身近な話題を提供。また、エルサレム学派の研究成果は、ユダヤ的視点で新約聖書に光を当てます。

タイムリーな話題　季節や時宜に合った、イスラエルのお祭りや日本とユダヤの関係など、興味深いテーマを選んで特集します。また「父祖たちの教訓」などヘブライ語関連の記事も随時掲載していきます。

※バックナンバー閲覧、申込みの詳細等はミルトスHPをご覧下さい。http://myrtos.co.jp/